我的岗位我负责 我的工作请放心

（全新升级版）

李军燕　张　晨 ◎ 编著

在岗我知责，爱岗我尽责，
不忘初心，砥砺前行。

在其位　谋其政　行其权　尽其责

以岗位责任取得企业信任，用工作绩效收获职业尊严！

人民日报出版社

图书在版编目（CIP）数据

我的岗位我负责　我的工作请放心 / 李军燕，张晨
编著. -- 北京：人民日报出版社，2017.10
ISBN 978-7-5115-5039-2

Ⅰ．①我… Ⅱ．①李…②张… Ⅲ．①职业道德－通俗读物 Ⅳ．① B822.9-49

中国版本图书馆CIP数据核字（2017）第 258692 号

书　　名：我的岗位我负责　我的工作请放心
作　　者：李军燕　张晨

出 版 人：董　伟
责任编辑：刘天一
封面设计：陈国风

出版发行：人民日报出版社
社　　址：北京金台西路2号
邮政编码：100733
发行热线：（010）65369527　65369846　65369509　65369510
邮购热线：（010）65369530　65363527
编辑热线：（010）65369844
网　　址：www.peopledailypress.com
经　　销：新华书店
印　　刷：北京柯蓝博泰印务有限公司

开　　本：710mm×1000mm　1/16
字　　数：185 千字
印　　张：14.5
印　　次：2018 年 1 月第 1 版　2018 年 1 月第 1 次印刷

书　　号：ISBN 978-7-5115-5039-2
定　　价：39.80 元

前言

我们每天朝九晚五,过着忙碌的日子,就是为了工作,为了保障自己的生活。在这个世界上,没有一种工作是不用完成任务的,也没有一项任务是不用承担责任的。工作的底线就是要负责任。那么,如何对岗位负责呢?就是要坚守岗位、恪尽职守地完成任务。身在职场,责任心比能力更重要。

然而,在实际工作中,我们要如何处理好岗位与责任的关系呢?通用电气公司前CEO杰克·韦尔奇曾说:"员工在履行职责的过程中,用心是做好工作的第一步,要用行动去体现,岗位在哪里,责任就在哪里!"在他看来,一个企业中有很多岗位,不管你处在哪个岗位,不管负责什么工作,都要全力以赴,责无旁贷。也就是说,岗位在哪里,责任就在哪里,要对自己的岗位负责。

在这个世界上,每个人都有自己的岗位,每个岗位都有自己的责任。责任无处不在,比如,老师的责任是教书育人,医生的责任是救死扶伤,军人的职责是保家卫国,工人的职责是生产出合格的产品等。每个人所处的岗位不一样,职责也有所差异,但是不同的岗位对每个人都有一个共同的要求,那就是:我的岗位我负责。

方太集团总裁茅忠群曾说:"一旦你踏上了任何一个岗位,即是你选择了一份责任,拥有了一份使命。承担职位赋予你的责任,按时保质完成

我的岗位 我负责 我的工作 请放心

你负责的工作,对所做工作的结果负责,尽量避免让上司修改作业或收拾烂摊子。不要轻易上交矛盾和问题,自己的'孩子'自己管好。"

茅忠群这段话主要是在阐述岗位和责任的关系。对自己岗位责任烂熟于心是最基本的要求,在这个基础上,按照规定的流程,合理的权限,带着责任心完成好工作。当工作中出现问题或者矛盾时,首先从自身找问题,在自己的职责范围之内把问题处理好,不到万不得已时,不把问题扩大,承担该承担的责任,解决该解决的问题,守好岗位,让领导放心。

我们所从事的各项工作中,各个岗位都有着不同的工作职责和工作要求,岗位职责要求我们必须在其位、谋其职,恪尽职守,认认真真地做好本职工作。以高度的"责任心"认真履行好自己的岗位职责,正是做到"我的岗位我负责,我的工作请放心"的关键所在。

比尔·盖茨曾经说过这样一句话:"无论做什么工作,都要记住自己的责任,无论在什么样的工作岗位,都要对自己的工作负责。"

一个岗位就是一份责任,只有把岗位责任执行到位了,才能让自己放心,让大家放心,让领导放心。只有心中时刻装着岗位、装着工作,清醒地认识到责任的重要性和必要性,才能不负重托、不辱使命。

每个人都应该提高岗位责任意识,用行动来成就"放心员工",打造"放心岗位"。现实中一个个鲜活的案例告诉我们,只有用高度的责任心,勇敢承担自己该承担的责任,我们才能化被动为主动,更好地掌握自己的命运,拓展自己的职场前途。

目 录

第一章 身在职场，责任心比能力更重要

责任感决定事业的成败。特别是在残酷的职场竞争中，我们更需要有高度的责任感。这种责任感既包括对工作的责任感，也包括对自己职业生涯的责任感。只有我们对工作充满责任感，才会在企业需要我们的时候主动向前，急企业之所急，忙企业之所忙，从而维护企业的良好形象，提升企业的竞争力。同时，也只有对自己的职业生涯充满了责任感，我们才能在职场上走得更远，做一棵职场上真正的常青树。

1. 责任本身就是能力 / 002
2. 责任不仅高于能力，还激发能力 / 005
3. 责任感是造就成功的"洪荒之力" / 008
4. 我的岗位我做主，履行职责我当先 / 014
5. 1%的责任感胜过100%的智慧 / 019

我的岗位 我负责 我的工作 请放心

第二章 ┃责无旁贷，我的岗位就是我的责任

> 俗话说"一屋不扫何以扫天下"。从古至今，凡是优秀的人才都拥有高度的责任感。一个有责任感的企业不能缺少有责任心的员工，更不能缺少优秀的员工。在自己的岗位上，我们要恪尽职守，用自己的责任心撑起岗位的半边天，努力做一个勇于承担责任、细心发现问题的员工。企业需要的正是这样的员工。

1. 恪尽职守，岗位就是责任　　　　　　　　/ 026
2. 责任心撑起岗位的半边天　　　　　　　　/ 029
3. 岗位的底线在于承担职责　　　　　　　　/ 033
4. 脱离责任一点点，岗位问题千千万　　　　/ 037
5. 有责任感的员工是刚需　　　　　　　　　/ 041

第三章 ┃从我做起，打造坚实的岗位责任链

> 企业是一个大家庭，我们每个人都很难孤立地工作，大家都是在为某一项共同的目标而分工协作。唯有牢牢树立"责任链"意识，既恪尽职守、兢兢业业，又着眼于大局，才能够形成强大合力，在推进企业科学发展的进程中有所作为。

1. 我们都是"责任链"上不可或缺的一环　　/ 048
2. 坚守岗位责任的同时要兼顾落实好流程责任　/ 051
3. 细化岗位责任，让"铁索"再坚固一点　　/ 055
4. 相互监督，保证责任链不断裂　　　　　　/ 058

第四章　担起责任，我就是企业的"顶梁柱"

> 优秀的员工，永远不是那些唯唯诺诺、消极怠工的人，而是那些敢于挑战一切不可能，并且积极主动与工作中遇到的阻力抗衡的人。假如你没有坚实的臂膀扛起肩上的责任，那你在职场上将永远是"花瓶"。在职场上，我们要落实每一份责任，行动起来，用业绩证明自己的价值——我就是企业的"顶梁柱"。

1. 担负起责任，不做职场上的"花瓶"　　　　/ 064
2. 落实责任的核心是解决问题　　　　　　　　/ 067
3. 光说不练假把式，执行起来才是真　　　　/ 070
4. 落实责任，用业绩证明自己的价值　　　　/ 076
5. 我的岗位我负责，守好岗位你放心　　　　/ 081

第五章　细化责任，不让岗位责任有一丝一毫的漏洞

> 很多人轻视小事，认为小事不值得做，因此为自己的工作留下了隐患。有位智者说："不关注小事或者不做小事的人，很难相信他会做出什么大事。做大事的成就感和自信心是由做小事的成就感积累起来的。"事实上，在工作中，没有任何一件事情，小到可以被抛弃；没有任何一个细节，细到应该被忽略。

1. 责任无大小，岗位无小错　　　　　　　　/ 086
2. 带着放大镜去工作，"找茬"也是工作　　/ 089
3. 不把小事做透，怎么做大事　　　　　　　/ 094

4. 一点小疏忽，付出大代价 / 098
5. 用心才能见微知著 / 103

第六章 共担责任，不做"猪队友"，
要做"神助攻"

> 在现代企业中，团队的命运和利益包含了每一个成员的命运和利益，没有一个人可以使自己的利益与团队相脱节，也没有人可以单凭一己之力完成一项有规模的任务。
> 然而，我们常能看到一些业务专精的员工，仗着自己比别人优秀，往往合作时不积极，总倾向于一个人孤军奋战，然后拼死拼活，也未做出多大成就。其实他完全可以借助其他人的力量来使自己更优秀。

1. 团结就是力量，你不是一个人 / 110
2. 承担自己该承担的责任，而不是找借口推诿 / 111
3. 跟同事协调好关系，打好配合事半功倍 / 118
4. 顾全大局，不要只想着自己的利益 / 123
5. 团队齐心，工作舒心；岗位安心，企业放心 / 127

第七章 升华责任，以工匠之心把岗位工作
做到完美

> 自古以来，工匠以炉火纯青、登峰造极的技艺，以一丝不苟、精益求精的工作态度，以孜孜不倦、精雕细琢的职业精神，验证着平凡中的崇高与伟大，谱写了人生辉煌的乐章。高尚的"工匠精神"是任何时代都不可

缺少的。在当今社会，只有把工匠精神发挥得淋漓尽致，才能拥有竞争的优势，才能具有真正的不可替代性，才能永远在复杂环境下立于不败之地。

1. 商业时代，依然需要"工匠精神" / 131
2. 认真仔细，第一次就把事情做好做对 / 139
3. 负责任的"匠人"，积极主动地工作 / 143
4. "差不多"先生小姐们请注意，机会正在远离你 / 148
5. 用一颗执着的心，让"不可能"成为"可能" / 153

第八章　超越责任，在责任中不断进步不断提升

有位哲人说："一个人如果满足于现状，不去寻找提高自己的途径和方式，那生命之火也必将渐渐熄灭。"这告诉我们，人不但要善于抓住机会，让自己获得提升，更要勇于挑战自己的极限，在极限中寻求质的飞跃。

无论大企业还是小企业，无论是领导还是个人，不在创新中发展，就在等待中失败。创新是如今获得成功最重要、最不可缺少的动力。注重创新的企业也一定会"创造"出更多优秀员工。

1. 用责任心鞭策自己不断学习进步 / 162
2. 思考：脑筋动起来，职位活起来 / 169
3. 创新：换个思路，柳暗花明又一村 / 173
4. 少一点满足，就多一分薪水 / 177
5. 正能量让你永远无可替代 / 182

我的岗位 我负责 我的工作 请放心

| 第九章 | 感恩责任，责任心有多大，成功的舞台就有多大 |

> 当你觉得自己缺少机会或职业道路不顺畅时，不要抱怨他人，而应该问问自己是否承担了责任。很多时候，"责任就是机会"，或者说"责任等于机会"。逃避责任的人，看似省了一时之事，实际上却拒绝了发展，更远离了成功。当我们怀着一颗感恩的心负责地去工作时，不仅能为企业实现经济效益最大化，也可以为自己提供更多的发展机会和更广阔的发展空间，最终使自己成为那个"不可替代的人"。

1. 吃力不讨好？你有责任心吗？　　　　　　　／188
2. 责任在哪里，成功的机会就在哪里　　　　　／191
3. 勇于面对眼前的"苟且"，才能看到诗和远方　／194
4. 学会正面思维，驱逐抱怨的恶魔　　　　　　／199
5. 尽职尽责才能缔造完美岗位　　　　　　　　／202
6. 领导更放心授权给负责任的人　　　　　　　／206
7. 扩大"责任圈"，就是扩大"成功圈"　　　　／210

| 附 录 | 测测你有多少责任心？ |

测试一：你是尽职尽责的人吗？　　　　　　　　／216
测试二：你的责任引爆成功指数有多高？　　　　／219

第一章 身在职场，责任心比能力更重要

责任感决定事业的成败。特别是在残酷的职场竞争中，我们更需要有高度的责任感。这种责任感既包括对工作的责任感，也包括对自己职业生涯的责任感。只有我们对工作充满责任感，才会在企业需要我们的时候主动向前，急企业之所急，忙企业之所忙，从而维护企业的良好形象，提升企业的竞争力。同时，也只有对自己的职业生涯充满了责任感，我们才能在职场上走得更远，做一棵职场上真正的常青树。

 我的岗位 我负责 我的工作 请放心

1.
责任本身就是能力

托尔斯泰曾说："责任是一种意识、一种精神、一种态度、一种超越能力的素质。"

三年前，胡小萍从北京外国语大学毕业，当时就业市场并不景气，胡小萍就在一家公司找了份前台的工作。也许这个小小的前台在很多人眼里并没有什么发展前途，但是胡小萍却把这份"没出息"的工作做得有声有色，成就了自己的一番事业。

她先是把公司上下所有部门的电话，各个项目负责人的手机号码都背得滚瓜烂熟。有些电话打进来不知道找谁，她就会多问问，尽量帮他们解决问题。

渐渐地，公司主管有时要出差，并不会告诉他们的助理，而是给小萍打电话，让她安排。假如有事离开一会儿，也会跟小萍讲清楚等下有谁会打电话来，有什么人会来见他，要转告什么，要转交什么文件。不少人把很多公事、私事都委托她办理，胡小萍由此成了整个公司的信息中心，全面负责的"秘书长"。

有一天，行政主管竟然主动跑到前台笑眯眯地跟她说："小萍，最近做得不错啊，董事长都夸你了，以后飞黄腾达了可要记得我啊。"原来，前段时间公司翻译处的翻译们全都指派到公司很重要的一个项目上了，董事长又要临时接待一个重要的客户。董事长助理突然想起来小萍也是学外语的，就把她拉去当翻译

了。结果小萍把工作完成得非常出色，离开前，董事长还专门问了她的名字和部门。果然没过多久，胡小萍就转岗到公司翻译处，成为了一名出色的翻译专员。

其实，这就是成败的关键所在，天下难事必作于易，这世上没有一做就成的事情，也没有绝对做不成的事情，有多少努力，就有多少收获，每个人都有自己的责任。爱默生曾经说过："责任具有至高无上的价值，它是一种伟大的品格，在所有的价值中它处于最高的位置。"

责任，是我们对待工作应有的态度。责任本身就是能力。也许有很多人会想："是工作选择了我，不是我选择了工作，我刚开始可没想做这行！"没错，在某种程度上，工作只是我们谋生的一种方式。但是不管我们出于何种原因来到这个岗位，也不管我们是否对这份工作有兴趣，只要是自己的工作，就应该责无旁贷地去完成，且完成好，这是自己的责任。直白地说就是：这是我们该做的。

其实每个人在相同的职位上工作差别不是很大，只是有的员工有一种很敬业的精神，用奋斗来担负起自己的责任，因为他们明白自身的能力只有通过尽职尽责的工作才能完美地展现。能力，永远由责任来承载，而责任本身就是一种能力。在每一个岗位上，我们都可以有自己的选择，那就是要比别人做得更好，这样才能得到领导和同事的肯定。想要在工作中得到领导的重视和肯定，首先要具备的就是强烈的责任心。

相反，如果工作中缺乏责任心，就有可能会产生无法预料的后果。在我们的身边，有很多人因为缺乏责任心而导致工作结果"差之毫厘，失之千里"。工作的主动性也体现了责任心的问题。认真地把自己应该完成的工作做好，不在乎别人的评价，不受其他人的影响，这也是具备责任感的体现。工作能力和方法很多人都有，但责任心不是每一个人都有的。

我们要对自己的岗位有一个正确的认识，以平常的心态看待不同的岗位。大家都在各自的岗位上按照职责要求，尽职尽责做好分内的工作，就

我的岗位 我负责 我的工作 请放心

会保证各项工作的顺利进行。如果每个人都创造性地做好分内的工作，就会在各自岗位上做出不平凡的业绩。岗位虽有不同，人的生命需求却是共同的。只要把自己的工作当作一种生命需要，一种体现自我价值的载体，认真负责地做好应该做的事情，每个人都会活得精彩而有意义。

所以，责任本身就是一种能力，并且是一种很强的能力。多一分责任感，就多一分回报；多一分责任感，就多一分竞争力。

那么，既然责任感在职场中这么重要，我们应该如何提高自己的责任感呢？根据以往的经验，总结出以下三点，希望对大家有所帮助。

（1）重视生活中的细节小事

习惯成自然，当你把责任变成一种习惯时，认真负责的态度也就逐渐融入到你的生活中，而不需要他人监督才可以去做。当一个人主动去工作的时候，他就不会感觉到麻烦与劳累。

（2）拒绝依赖别人

有些人习惯在工作中依赖别人，本来应该自己做好的事没做好就抱怨他人。比如销售业绩差就怪产品不好；和同事关系不融洽就怪同事不热情；没找到好工作就怪朋友不给帮忙……事实上，这种抱怨百害而无一利。不要一味地抱怨，而是查找自己的问题，这样才能逐步培养责任感。

（3）将企业兴亡看成是自己的责任

对员工而言，只有企业发展了，员工个人才能有更大的发展空间。只有企业盈利了，员工的收入才能得到相应的提高。相反，如果企业不能够发展和盈利，员工的一切利益就无从谈起了。所以企业的命运和每个员工的命运息息相关，每个员工都应在工作中负起责任，把企业的事当做自己的事。

在职场上，具备责任感可以使人变得更坚强，责任可以激发一个人的潜能，能力越大，责任就越大。责任可以改变一个人对工作的态度，而工作态度，将决定一个人在职场上可以走多远。

2.

责任不仅高于能力，还激发能力

在平时的工作中，我发现存在这样的现象：有的人很有能力，学历也很高，但是他们恃才傲物，总觉得自己大材小用了，对工作一点都不上心，因此这样的人很难得到提拔；但是有些职场"小透明"虽然学历不高，起步晚，但是他们能出色地完成上级交代的工作，能力也得到提升，逐渐由职场"小透明"，变成职场"大大"。

有的人说："责任比能力更重要。"这并不是否认能力的重要性，而是说在能力相同的情况下，责任感对工作的结果往往能够起到决定性的作用。

工作中，责任感能令一个人具有最佳的精神状态，积极地投入到工作中，并最大限度地发挥自己的潜能。

我的一个朋友开了一家化妆品公司，陈云是他斥巨资请来的总经理。陈云很有才华，能力也非常强，但是令人疑惑的是，陈云上任这两年来，几乎未创造价值。

陈云确实是一个人才，这一点从他的履历中能得到充分的体现，他是耶鲁大学的研究生，在朋友聘用他以前，曾在4家外企任过总监。他擅长资本运作，曾带领一个10人团队，用了2年时间把一家不足100人的小公司发展成为拥有2000多名员工、年营业额5亿多人民币的中型企业，试想，这么优秀的人才怎么可能创造不了价值呢？

朋友跟我说："我一点都不怀疑他的个人能力，但是以他的经验，出现这种情况实在是太不正常了。"

朋友找来一位人力资源专家咨询。专家问："你了解这位总经理的能力吗？"

朋友回答："我当然了解了，在聘请他来以前，我是极为慎重的，我请专业猎头公司对他进行了全面的能力测试，测试结果让我十分满意。"他还详细列举了陈云具备的种种能力，和陈云过去工作中的许多成功例子来证明。

咨询师又对陈云进行了咨询，经过深入沟通，咨询师发现，陈云是一个敢于接受挑战的人，任务的难度越大，他的斗志越昂扬，他时刻都有一种准备冲锋陷阵的冲动，可以说这种人才是企业里的宝贵财富。

但是，陈云也说出了自己的想法："我刚刚出任总经理时，对未来的工作充满热情，下定决心一定要干出一番事业，让公司上一个台阶。但是后来我发现，现实和我的想象差得太远了，我觉得工作越来越没有意思，慢慢地对这个公司失去了认同，对自己的能力也产生了怀疑。"陈云还说："我希望有一个可以放开手脚大干一场的工作环境，而不喜欢太多的束缚。"

事情终于真相大白。原来，朋友有两个很严重的问题：第一，他对聘用的人不放心，担心有人挖公司的墙角；第二，他喜欢亲自行动，不愿放权，常常越级指挥，在许多事情上，让陈云觉得自己就是一个摆设。而陈云最需要的，应当是用业绩来证明自己。

咨询师找到了问题所在之后，将朋友和陈云请到了一块，一起分析企业授权与指挥系统方面的问题，明确了董事长的职权范围以及总经理陈云的职权范围，一起制定了企业的授权制度与团队指挥原则。没过多久通过二人共同努力，公司情形发生了极大的变化。陈云好像变了一个人，不但做出了让业内惊羡的业绩，还与朋友成了亲密无间的好朋友。

通过这个故事，我们可以从中得到启迪。转变之后的陈云，充分发挥了自身杰出的才能，而促使他转变的重要原因，就是制度的改变重新唤起了他对企业的责任感。

其实，陈云非常富有责任感。当然他的能力也是一流的，可他在朋友企业中先前的无所作为以及后来的成功表现，证明了责任感胜于能力的道理。

但令人遗憾的是，在现实生活与工作中，人们往往忽视责任感而总是片面地强调能力。

在日常生活和工作中，我们经常会听到有人这样说："用普通员工可以办成特级人才事情，用特级人才却不一定能办成普通员工的事情。"这就说明尽管一个人的才能非常重要，可最重要的还是这个员工是不是具有强烈的责任感。

因此，从某种意义上讲，成功源于责任感，责任感胜于能力。那么我们应该如何既具备责任感，又提升自己的能力呢？

（1）严格遵守工作流程

首先要对工作的每一个环节、细节做出规定，让每一个员工从进入工作岗位的第一步，到工作的最后一步，都严格细致地按规定执行。这样员工的工作才能做到有章可循、有的放矢。按照此工作流程，普通员工自然就可以做到尽职尽责，管理者也可有效地把复杂的问题简单化、简单的问题流程化。

（2）明确自己的岗位职责和工作标准

每一个员工一定要明确自己的职责和工作标准，在这个基础上还要明确其他人的职责和工作标准；并依照这样的工作标准去检查自己的工作，尽职尽责，这样才能提高员工的责任心。

（3）多参与岗位培训，认识到责任心的重要性

责任心是一点点培养出来的，需要个人与企业的共同努力。员工的责任心一是需要有制度的约束，二是需要发自内心的对工作的热爱和忠诚。

一个员工忠于他的本职工作，就会尽心尽力，发挥自己最大的潜力投入到工作中，会把工作当成是一种需要、一种享受。这种对工作的热爱会

我的岗位 我负责 我的工作 请放心

激起强烈的责任心。

（4）企业要建立完善的监督制度

要求员工按照流程及时正确地完成工作，这就必须有监督制度。制度是条文性、没有生命的东西，没人监督，制度就形同虚设。企业要实行内外监督两手抓的机制。在企业内部，建立和完善监督制度，部门内有专人监督，各部门之间互相监督；在外部，要有集团公司的监督，让员工的责任心在工作期间时刻处于警惕状态，不敢出现丝毫松懈。另外，公司的各级管理、监督人员更应该严格遵守公司的规章制度。古人曰"正人先正己"，如果管理人员都对规章制度视而不见，不能以身作则地遵守，就更谈不上去监督管理了。

几个小小的习惯，既加强自己的责任感，又提升自己的能力，是不是很"划算"呢？

3.

责任感是造就成功的"洪荒之力"

经常有人这样问："成功的机会在哪里？"可以说，机会就蕴藏在责任之中。把责任当作成功的机会，虽然承担责任不一定马上就会获得成效，但终会得到回报。

具有强烈责任感并且能够努力工作的员工每时每刻都在把握着属于自己的机会。也只有我们深刻认识到这一点，并反思一下自己是否因为没有勇于承担责任而流失了许多可以走向成功的机会。

在北京，有个风筝手工艺者叫哈亦琦，他是著名的"风筝哈"的传人。他的"风筝哈"手艺，是一百六十年来几代人手口相传至今的稀世绝活。他制作的风筝多次获得国际大奖，甚至被当作国礼送与外宾。

然而，这项好手艺曾面临着灭绝的危机。放风筝，毕竟不能当饭吃，哈亦琦曾穷得到处借钱。他想过放弃，也尝试着转行。但是，身上背负着的那份传承重任，使他一直努力坚持着。在这样的困境中，有什么方法可以让他继续支撑下去呢？

无意间，那个自己梦寐以求的缤纷世界，那个扭转乾坤的机会，被他找到了。

转机发生在一次客户的定制中：民航总局准备送一批礼品风筝给外国朋友，便向他一次性定制了八十个，并特别要求他把这些风筝全裱在镜框里。

把风筝做成标本？不飞了？面对这一不同寻常的要求，片刻思索后，哈亦琦一拍脑袋，想到了一个让"风筝哈"起死回生的新道路，就是：做拥有艺术特色"不会飞"的风筝艺术品。

于是，五彩风筝的外面被包上了一个个镜框，飘扬之物，变成了含蓄的艺术品。这一痛苦的转折，使"哈式风筝"摆脱绝境，焕发了新的生机。

事业总有低潮之时，悲观绝不是解决之道，耐心寻找那个反败为胜的机会吧，其实机会距离你并不遥远。

一个人的成功，来源于强烈的责任感，而想要创造机会必须要靠这份责任感。把责任当作成功的机会，才能发挥创造力，最终走向成功。如果只想坐井观天，那么井底之蛙非你莫属；如果只会守株待兔，你可能永远等不到那只"撞桩"的兔子。

同样，在工作中，你只有具备了强烈的责任感，别人才会对你刮目相看，你才能在激烈的竞争中脱颖而出。相反，如果你没有这种责任意识，必然会失去宝贵的成功的机会。成功，换个角度而言，源自于责任感。

责任越大机会就越多，谁承担了最大的责任，谁就拥有最多的机会。拥抱责任，就是把握机会；靠近责任，才能赢得机会；承担责任，才能迈向成功；尽到责任，才能脱颖而出。

世界上最大的金矿不在别处，就在你自己身上。只要认真负责地对待我们的工作，以一颗责任心面对我们的工作，在工作中不断思考，就能发现机会。

当我们还未成功或者缺少机会时，不要抱怨环境，而应该问问自己是否承担了责任。责任和机会的关系，分析起来有三种情形：

（1）**责任与机会合二为一**

比如，某公司有一个重要项目需要实施，董事长提出竞争上岗，谁做好了，谁就是下任总经理。谁都看得出来，做好项目既是责任也是机会。

（2）**责任中隐藏着机会**

比如，老板对一位员工说："你去开发西北市场。"表面看来，老板是给员工一个任务，实则是给员工一个机会，因为如果开发西北市场成功了，这位员工可能获得西北市场总经理的位置。

（3）**机会中隐藏着责任**

比如，老板任命某员工为副总经理。从表面上看，这是一个机会，事实上，它同时又有责任。抓住做副总经理这个机会，意味着要承担起一个合格的副总经理应当承担的责任。

把上面这几点分析归纳起来，实际上责任和机会就是这样一种关系：责任＝机会。越负责任的人机会越多，成功也越容易。

许多人刚参加工作的时候，常常因为自己的潜能发挥不出来而苦恼。其实从职场"小白"升级为"大咖"的过程，就像修仙者们从"小仙"修炼成"上神"的过程。身在职场的各位"小仙",我们应该如何激发自己的"洪荒之力"早日成为"上神"呢?这是一个值得我们思考的问题。

《绿野仙踪》的故事相信大家都听过,在这个童话中桃乐丝、狮子、机器人以及稻草人一起去翡翠城寻找一位名叫奥芝的大法师,他们希望从法师那里得到解决困难与实现梦想所需要的勇气、决心与智慧。最后,法师只告诉他们一个很简单的法则:"实际上,达到所追求目标的力量,就在你们自己身上。"任何一个人都能够利用自己的力量来解决困难,法师是帮不上任何忙的。这就是能够为自己开启新生命的、神奇的奥芝法则。

直面现实、解决问题、完成任务与达到目的,这些都需要莫大的勇气、方法、智慧和决心。而这些能力就潜藏在我们身上,需要我们不懈努力找到破解的方法,将自己的"洪荒之力"激发出来。

在工作中,想要发掘自己的"洪荒之力",就需要我们在工作中树立一种高度的责任感。

我去年遇到过这样一件事情。当时我乘坐飞机去上海出差,飞机刚刚起飞没多久,机舱里就传出一阵痛苦的呻吟。

大家都朝同一个方向望去,那是一个孕妇,痛苦让她的身体无法张开,只能蜷缩在座位上。空姐走过去询问才知道,原来这位孕妇的羊水破了,孩子要生了。她的丈夫坐在旁边非常紧张,他告诉空姐,妻子以前流产过一次,身体很虚弱。

机舱里很快腾出一排空位,孕妇被平放在座位上,空姐们拉起一块帘子把孕妇隔离开,并且迅速汇报了机长。

机长通过机舱广播询问乘客中有没有医务工作者,希望其能迅速到机舱最后一排参与救助。

然而没有人回答。

接着,机长又广播,有没有乘客懂急救,懂接生。

依然没有人回答。

机长接着问,有没有哪位乘客是学医的。

这时有个年轻的小姑娘怯怯地走出来,说:"我是学护理的。"

机长的眼里充满了感激和信任,对小姑娘说:"今天,你就是专家,我们都相信你。"

小姑娘为难地说:"我刚刚毕业,上个月因为犯错,没通过实习期被医院开除了,我不行的,况且,这位孕妇还有流产的经历。我真的不行的。"

"小姑娘,你可以的,那些都过去了,我们相信你。"机长说。

一瞬间,小姑娘脸上掠过神圣无比的表情,只见她昂首挺胸,充满信心地进入帘子后面。差不多 40 分钟后,一阵婴儿清脆的哭声从帘子后面传出来,一直悬着心的乘客们热烈地鼓起掌来,接生的姑娘脸上有汗水也有泪水。

这时,有乘客问那位姑娘:"你从来没有接生过,你是怎么做到的啊?"

小姑娘笑笑说:"事实上,我对接生的认识,仅仅局限于教材上那一点点,是责任感激发了我的'洪荒之力',是责任感给了我力量。机长说我是专家,让我明白了,在这次航班上,只有我能够完成接生这份任务,而且作为这里唯一一个学医的人,我应该担负起这份责任。"

"责任感激发了我的'洪荒之力'!"多么有力的话语啊!把重大的责任放在一个人的肩膀上,就能激发一个人的潜能,并促使他全力以赴。

在这个世界上,任何一个人都肩负着自己的责任,对工作、家庭以及亲朋好友,都有特定的责任,绝对不要自以为是而忘了属于自己的责任。巴顿将军有一句名言:"自以为了不起的人一文不值。遇到这种军官,我会马上调换他的职务。每个人都必须心甘情愿为完成任务而献身。一个人一旦自以为了不起,就会想着远离前线。这种人是地道的胆小鬼。"巴顿将军强调的是,在战场上,任何人都应该付出,到最需要自己的地方去,做你一定要做的事情,不能忘了自己的责任。

在每个人的身上,都隐藏着惊人的潜能。在工作中,所有人都应当积极主动负责地做事,都应对工作有一种高度的责任感。高度的责任感才能激发出我们身体内潜藏的"洪荒之力",才能助我们把握住一次又一次的机会，才能不断挖掘出自身的潜力，一步步实现自己的职业理想和人生目标。

在人生的旅途中，总是充满着坎坷和挫折，面对不如意的现实，我们唯有勇敢地承担责任、积蓄力量、发挥潜能，激发出自己所有的力量，才会拥有更加光明灿烂的未来。

想要激发自己的"洪荒之力"，在执行任务之前不妨问自己四个问题：

问题一：我工作的意义在哪里？

我们想要在工作中感觉到快乐，就必须感知到自己在工作中的重要性，如果连自己工作的目的都不知道，那就是盲目工作，也许会瞎猫碰上死耗子，但大部分时间你的工作都是无意义的。做每件事知其意义，就容易找出好的方法去实践。请仔细考量并一再自问，这是非常重要的问题。

问题二：我是谁？我的理想是要成为怎样的人物？

在工作中，我们必须要清楚自己的定位，清楚自己想成为什么样的人。很多人工作非常努力，并认为达到某个目标就能很快乐，比如升职加薪、创业成功、存到首付款等，但通常这些努力的过程都非常痛苦，达到目标之后的愉悦感也会非常短暂。

因此，不管我们得到什么东西，都不会让我们持久地快乐，而唯一能让我们持续快乐的条件就是激发自己的潜力，成为理想中的人。

问题三：我有哪些价值观和信念？

一般人价值观的形成都来自于他的环境，很少人的价值观是由自己所设计出来的。而人通常透过价值观和信念来做决定，依次产生行动和结果。因此，做决定只是价值层级的分配，所谓价值层级即是哪些事比较重要，哪些事较不重要等。

问题四：我是不是真的负起了责任？

我在我的岗位上，承担了应该承担的责任，我有责任把我的岗位工作做到最好。岗位上所有的工作都是我的责任，我把责任放在第一位了吗？我把我的岗位工作做到完美了吗？还有哪些需要我改进的呢？

工作如此美妙，不能马虎浮躁。试想一下，你只要问自己四个问题就能在工作中激发自己的"洪荒之力"，高效完成工作，获得老板的青睐，何乐而不为呢？

4. 我的岗位我做主，履行职责我当先

除了自己之外，这个世界上没有人可以帮你设计职业生涯。当今社会，每一份工作都需要完成任务，每一个岗位都需要承担责任。工作的底线就是全心全意、尽职尽责完成每一项任务。坚守岗位，完成任务，这就是岗位责任。岗位连着责任，责任系着岗位，二者不可分离。

肯德基在进入中国之前，公司决定派一执行董事到中国考察市场。他来到上海的街头，看到来来往往的人群和川流不息的车流，穿着都很平常，于是在调查报告中写道："炸鸡在中国有消费者，但无大利可图，因为中国人消费水平低。"由于他没有主动进行相关信息的收集和整理，自己的职责没有履行到位，只凭主观印象就下了结论，最后被公司以不称职为由进行了惩罚。

后来，肯德基又派了另一位执行董事前来考察。他先随机在上海的几条街道上用手表测出人流量，然后请300位不同年龄段、不同行业的人品尝肯德基的样品，并详细询问他们对炸鸡的味道、价格、店堂设计等方面的意见。他还对上海的鸡源、油、面、盐、菜等农产品信息进行了详细的调查，经过总体分析得出结论：肯德基进入上海市场，一只炸鸡虽然是微利的，但消费群巨大，仍能赢得大利。果然，上海的第一家肯德基店开张不到一年，赢利就高达250多万元人民币。这位执行董事自然也得到了提升。

真正优秀的人总比常人多走一步，因为他们知道自己的岗位要自己做主，自己的职责一定要履行到位。具有新时代主人翁精神的员工应当把公司当成自己开的一样，比老板更积极主动地投入工作中，而不是事事等待老板吩咐。

然而，在现实生活中，这样的人少之又少，大多数员工都是这样的想法："公司又不是我开的，我就是个打工的，活儿干的再多，干的再出色，挣钱的也是老板，跟我有什么关系？"抱着这样想法的人很容易成为"按钮式"员工。什么是"按钮式"员工呢？就像按钮一样，上司按一下，他动一下，按部就班，没有一点活力。甚至假如老板不在，他就会没完没了地做自己的私事儿，或者无所事事地做白日梦。

闻名世界的美国钢铁大王卡耐基说："有两种人注定一事无成，一种是除非别人要他去做，否则绝不会主动做事的人；另外一种人则是即使别人要他做，他也做不好事情的人。那些不需要别人催促，就会主动去做应该做的事，而且不会半途而废的人必定成功。这种人懂得要求自己多努力一点多付出一点，而且比别人预期的还要多。"

企业中的每名员工都有自己的工作岗位。有岗位就得负起责任。虽然责任有轻有重，有大有小，水平有高有低，但有一点应该是共同的，那就是敬业精神和岗位责任心。按照职责分工，干好本职工作，尽到自己的责任，对得起企业为你付出的那份报酬。也有人对岗位挑三拣四，这山望着那山高，其实，每一个岗位都是一份责任，只是分工不同罢了。

在职场中的每一个人都必须清楚，只有忠实地对待自己的工作，忠诚地对待公司，充分地使自己发挥出应有的作用，才能巩固现有的位置。因为在老板的眼中，永远不会有空缺的位置。所以，如果你不想与自己的位置只保持一种短暂的"约会"关系，而是想保持一种长期性的关系，那你就要在其岗，负其责，坚持把工作做好、做到位。

梁启超说过："凡职业都具有趣味的，只要你肯干下去，趣味自然会发生。因此，做事切忌粗心大意、心浮气躁。"我们每一个人都应该把工作当成自己的事情，并为此付出全身心的努力。让敬业精神成为一种最基本的做人之道，也就拥有了成就事业的重要条件。

我的朋友陈媛媛现在已经是资深职业经理人了，她刚刚大学毕业时，只是他们公司一个小小的助理。

2000年，当时我和陈媛媛还在上大学，她曾经到现在工作的公司勤工俭学。她翻译的一份资料得到了公司总裁的肯定，总裁一定要见她。就是这次见面，为陈媛媛的未来打开了一扇光明的大门。大学毕业，当我们还在为工作发愁时，她已经成为这家公司的总裁助理了。

和一般助理不同的是，陈媛媛工作时非常主动积极，想总裁之所想，急总裁之所急。刚开始，总裁只是让陈媛媛翻译资料，做简报，这些事情对一般人来说是小事，但是陈媛媛却把它当成大事，下足了功夫。陈媛媛十分留心在那么多的剪报中哪些是总裁看过的，然后进行引导。这些事情，总裁并没有要求她做。到后来，总裁不看陈媛媛的剪报，中午就吃不下饭。

就连给总裁端茶倒水这样的小事，陈媛媛也琢磨出很多技巧。比如开会时，什么时候去倒茶水，才不会打断总裁讲话的激情；什么时候光倒水不加茶叶，什么时候该带着茶叶进去；总裁有抽烟的习惯，什么时候打火机里的油没了，该换个打火机，她都把握得很有分寸。

经过一段时间的观察，总裁认识到，如果再让陈媛媛做复印、倒水、剪报等事情，就是屈才。于是，任命26岁的陈媛媛出任这家企业上海分公司的副总经理，成为这家企业最年轻的副总。

千万不要认为只要准时上下班、不迟到、不早退就是尽职尽责了，就可以心安理得地去领工资了。工作需要的是一种高度的责任感和自动自发的精神。当你明白这个道理以后，请带着责任感主动去做你要做的事情吧！

不要等你的老板和上司来安排你的工作，当你全力以赴地做好你的工作的时候，你将得到最高的回报。

你一定会问：我们怎么才能自觉主动地履行自己的责任呢？下面这几点建议会给你一些帮助。

（1）带着使命感去工作

一个人的使命感来自于兴趣以及义务感。兴趣是人的一种"内在激励"，它可以更持久、更有效。把工作当成一个兴趣，就能让责任与兴趣相伴。所以，找到自己的兴趣，是做好工作的重要步骤。如果一个人无法对自己的工作培养出兴趣，就应该将时间用在寻找感兴趣的工作上。

义务感也是使命感的一个来源，是一个人走向成熟的标志。一个人有了义务感，就意味着他不会将成功当成是天上掉馅饼的白日梦，也不会指望免费的午餐。付出才能得到回报。

（2）把自己当成是重要的人，主动做事，不要置身事外

当我们以"这不是我的职责""老板没要求我去做"等类似的理由去推卸责任时，就是把自己置身于事外，不想主动去做事情。我们应该抱着"公司的事就是自己的事"的工作信念，为公司的发展着想。

无论自己的位置是高还是低，都要学会做好自己的事情。如果你是公司的一名普通的管理员，当发现货物清单上有一个看似与自己职责无关的错误时，也要勇于指正。

（3）学会马上行动，不去坐等问题的解决

不要有"再说吧"这样的口头禅，也不要抱着"等着瞧"的态度去工作。在工作中,消极的行为必然会给工作带来消极的结果。学会马上行动,就是用积极的心态去工作,迎接挑战。那些有成就的人都是积极的参与者,而不是旁观者。

(4)学会为团队着想,为团队解决问题

一个公司有不同的部门,财务部、销售部、制造部等不同的分支机构必须齐心协力才能使公司更好地前进。在同一部门中,学会精诚团结,在不同的部门中,学会沟通协调,积极主动地为团队做事。

(5)不能逃避问题,要学会积极面对

逃避问题和回避问题并不能解决问题。成功者总会以一种积极的心态去看待问题的。他们不像那些失败者,在还没有行动之前,就给自己做了假定——这件事情我做不好。积极面对,才能去承担责任,才能有解决问题的勇气。当一个人给自己设置了太多限制时,再强的能力也施展不好。

(6)爱岗敬业,热爱本职工作

任何一个有理想的人都想让自己的职业生涯光辉灿烂,职位越来越高,想要达到这个目标,就必须热爱自己的本职工作,把自己的职责履行到位。

职场其实就是由很多人组成的一个大家庭,如果每一个员工都能像精心呵护自己的小家庭一样对待企业这个大家庭,与大家庭荣辱与共,他怎么可能不积极工作使这个大家庭越来越兴旺发达?怎么可能还要在别人的监督下才做事呢?

(7)创新工作思路,积极为企业发展献计献策

在职场上除了做好自己的本职工作,还要有"主人翁"意识,企业的事就是自己的事,在做好日常工作的同时,还要及时发现企业出现的问题并提出合理的建议或思路,利用有效沟通渠道,抓住细节问题,杜绝遗留问题。

(8) 敢于负责、承担责任

作为企业的管理层，如果对一般的工作人员要求严格，而自己超越制度，那么无论怎么培训教育，员工的行为也不会好到哪里去。只有领导敢负责任，员工才能敢负责任。领导都担负不起责任来，一般员工的肩膀又能扛得住多大的责任重担呢？

我的岗位我做主，履行职责我当先，"在其岗就要负其责"，我们只有在自己的岗位上勇敢地承担起责任，并一直把这种良好的工作作风保持下去，才会登上事业的顶峰！想当职场的"老司机"，想要登上事业的巅峰，那就按照我说的行动起来吧。

无数成功者的故事告诉我们，积极主动的人，总能在工作中承担更多的责任，主动去解决问题。领导喜欢忙碌踏实的人，更喜欢那些认真负责的人。怀着一颗责任心，在责任感的驱使下去行动、去改变、去提升自我。

5.
1%的责任感胜过100%的智慧

有一年3月，我们公司的总裁要到加拿大办事，而且要在一个非常重要的国际商务会议上发表演讲。他身边的几名助手忙得昏天黑地，莉莉负责草拟演讲稿，Tina负责拟定一份和加拿大公司的谈判方案，Lucy负责后勤工作。

在总裁出国的那天早晨，公司管理层都来送行，其中有人问莉莉："你负责的文件打印好了没有？"

莉莉说:"我昨天熬夜熬到凌晨三点,实在是熬不住了,就先去睡了。反正我负责的文件是用英文写的,总裁也看不懂,在飞机上也不可能重读一遍。等他上飞机了,我再回公司把文件整理好发邮件给他不就行了?"

谁知转眼间,总裁驾到。第一件事就是问莉莉:"你负责准备的文件和数据呢?"莉莉按照她的想法回答了总裁。总裁闻言,脸色大变:"到底你是总裁,还是我是总裁!我本来计划好在飞机上和同行的外籍顾问研究一下自己的报告和演讲稿的,你现在可好,我所有的计划都打乱了。"

听完总裁的话,莉莉面色惨白。

到了加拿大以后,总裁和外籍顾问一起讨论了Tina的谈判方案,她的方案非常全面,也很有针对性。既包括对方公司的背景调查,也包括了谈判中可能发生的问题和策略,还包括如何选择谈判地点等很多细致的因素。Tina的这份方案大大超过了总裁和众人的期望,谁也没有预料到她会做出这么完备而又有针对性的方案。后来谈判虽然很艰苦,但因为对各项问题都有细致的准备,公司最终赢得了谈判。

总裁出差结束后,回到国内,Tina得到了重用,而莉莉却受到了总裁的冷落。

真正优秀的人总比常人多走一步路。可以说,只是多承担1%的责任,然而这1%的责任感,却往往胜过100%的智慧。

在上面的案例里,莉莉和Tina所负责的工作都与总裁的事务密切相关。但是莉莉却疏忽了总裁行程安排上可能会有的变动,不但耽误了总裁的工作,给公司带来了麻烦和损失,也给总裁留下了很坏的印象。而Tina完备而周详的方案则显示出她对公司高度的责任感。其实,同莉莉相比,Tina不过是多承担了1%的责任而已,其结果却大不相同。

有一位公司经理已经70多岁了,还经常来往于世界多个国家,处理各项事务,而且乐此不疲。他总是告诉年轻人说,他还可以做得更好,正是这种精神成就了他的事业。

微博上有这样一条新闻,说是青岛一家医院有两个患不同病症的孩子要在同一天做手术。由于两台手术只相差十几分钟,当时又只有一辆手推车,所以护士就把这两个孩子放在了同一辆推车上。进入手术室后,她也没有核对患者信息,就直接把孩子放在手术台上了。结果,要做扁桃体肥大摘除手术的患儿失去了胆囊,而另一位喉管正常的儿童却留下了咽部残疾。

在这个事件中,这位护士在履行自己的职责时就差了那么一点点责任心,却犯下了滔天大错。这就是仅1%的责任感缺失造成的后果。

巴顿将军的回忆录《我所知道的战争》里面有这样一段话:

> 我要提拔人时常常把所有的候选人排到一起,给他们提一个我想要他们解决的问题。我说:"伙计们,我要在仓库后面挖一条战壕,8英尺长,3英尺宽,6英寸深。"我就告诉他们那么多。我有一个有窗户或有大节孔的仓库。候选人正在检查工具时,我走进仓库,通过窗户或节孔观察他们。我看到伙计们把铁锹和镐都放到仓库后面的地面上。他们休息几分钟后开始议论纷纷我为什么要他们挖这么浅的战壕。他们有的说6英寸深怎么能当火炮掩体,其他人争论说这样的战壕太热或太冷。如果伙计们是军官,他们会抱怨他们不该干挖战壕这么普通的体力劳动。最后,有个伙计对别人下命令:"让我们把战壕挖好后离开这里吧。那个老家伙想用战壕干什么都没关系。"

最后的结果是,这个下命令的伙计得到了提拔。

这个伙计并没有计较挖这样一条战壕的目的是什么,他只是根据服从的观念,开始把挖战壕的事情付诸行动。但是其他的伙计最先是怀疑将军的动机。

在西点军校,即便是立场最自由的劳动者,都有一个观念——不管叫我做什么都照做不误,这样的观念就是"服从"。服从命令是军人的天职,也是他们最大的责任。

职场如战场，服从的观念在职场上同样适用。每一位员工都必须服从上级的安排，就像每一个军人都必须服从上司的指挥一样，服从的人必须暂时放弃个人的独立自主，全心全意去遵循所属机构的价值观念，这就是员工的责任。大到一个国家、军队，小到一个企业、部门，成员是否能够坚决地履行他们的责任将决定其成败，即使是细微的地方，一点责任感的缺失都会给员工自己和公司造成意想不到的后果，这个时候，每个员工都需要牢记："1%的责任感胜过100%的智慧。"

要在职场中落实这1%的责任，建议大家记住这三字箴言——"快""细""深"。

（1）抓好工作的落实，要突出"快"

落实责任，就是要快字当头，一万年太久，只争朝夕。具体来说，就是要提高工作效率，加快工作节奏，突出工作的"早"和"快"。对工作要早谋划、早安排，快启动、快落实。要增强工作的时效性，做到今日事，今日毕。对每项工作都要明确时间进度，明确工作措施，明确责任。

（2）抓好工作的落实，要突出"细"

"天下难事，必作于易；天下大事，必作于细。"抓落实要抓细节，即目标须细，要求须细，责任须细，措施须细。没有细，工作就不会完美，就很难达到要求；没有细，工作就不会到位，领导就不会满意。只有把每项任务，每项工作，每个项目，每条措施，抓好抓细抓到位，确保每件事情都干好，我们的工作才能堪称完美。

（3）抓好工作的落实，要突出"深"

有句话说"一深入，就具体"。因此抓深入落实，就必须在工作中弄清具体情况，研究具体办法，分析具体变化，解决具体问题。要深入现场和实际，在产生问题的初始环境中了解问题的缘由，触及问题实质，掌握事物发展规律，提高抓落实的针对性和实效性。要把工作任务落实到具体的人和事，具体的时间、措施、责任，从而在全局形成层层抓落实的工作格局。

其实，关于落实任务的方法还有很多，落实工作并不难办，就是行动起来，越早越好！

第二章 责无旁贷，我的岗位就是我的责任

俗话说"一屋不扫何以扫天下"。从古至今，凡是优秀的人才都拥有高度的责任感。一个有责任感的企业不能缺少有责任心的员工，更不能缺少优秀的员工。在自己的岗位上，我们要恪尽职守，用自己的责任心撑起岗位的半边天。努力做一个勇于承担责任，细心发现问题的员工。企业需要的正是这样的员工。

我的岗位 我负责 我的工作 请放心

1.

恪尽职守，岗位就是责任

日本著名跨国公司"松下电器"创始人松下幸之助曾经说过："责任心是一个人成功的关键。对自己的岗位负责，独自承担这些行为所产生的结果，正是这种素质构成了伟大人格的关键。"网上有这样一则招聘广告，是一所私立中学招聘英语老师：工作很轻松，但要全心全意，尽职尽责。

事实上，不仅当老师要尽职尽责，其他工作也是如此。一个人无论从事何种职业，在任何岗位，都应该尽可能地把自己的工作做好，因为岗位就意味着责任。

石油大王洛克菲勒曾说过："如果你视工作为一种乐趣，人生就是天堂；如果你视工作为一种义务，人生就是地狱。"可以这样说，我们大部分时间都花在工作上。并非工作需要人，而是每个人都需要工作。从某种意义上来说，你的工作态度决定了你的人生高度，你的工作表现决定了你的人生表现，你的工作成就决定了你的人生成就。如果不想拿自己的人生开玩笑，那就要恪尽职守，勇敢承担起岗位的责任。

我曾经在书上看到这样一则故事，故事的情节给我留下了深刻的印象。

有一位事业有成的先生回忆起他的童年，11岁时他就在家里的汽车修理厂当帮工，那里有4个加油泵、3条修车地沟以及2间打蜡房。他一心想学修车，但父亲却让他在前台招待客人。

每次有汽车开进来时，他都要在车子停稳之前站在车门旁边，然后检查油量蓄电池、传动带、胶皮管以及水箱。他发现，要是自己干得好的话，大部分客人还会再次光临。所以,他总是尽量多干些活,为客人擦干净车身、挡风玻璃以及车座。

有一段时间,每个星期都有一位中年大姐开车来清洗与打蜡,她的车内地板凹陷很严重,极难清理。这位大姐脾气还很不好,性格非常刁蛮,每次他为这位大姐准备好车时,大姐都要再次认真地检查一遍,还要叫他当着自己的面重新打扫,直到清理干净每一缕棉绒与灰尘,大姐才算满意。

后来有一次,他终于忍无可忍,不想再为这位大姐服务了。父亲却告诫他说:"孩子,记住,这就是你的工作!无论客人说什么或者做什么,你都要做好自己的工作,并以应有的礼貌去对待客人。"

父亲的这些话令他深受震动,他说:"正是在汽车修理厂的工作,让我学到了恪守职业道德以及该怎样对待客人,这些东西在我日后的职业生涯中起到了十分关键的作用。"

当面对自己的职业以及工作岗位时,请时时刻刻牢记,这就是你自己的工作。不要忘了自己的责任,岗位呼唤着责任。

老陈是个退伍军人,几年前经朋友介绍来到我们公司做仓库保管员,虽然工作不繁重,无非就是按时关灯、关好门窗,注意防火防盗等,但是老陈却做得非常认真。他不仅每天做好来往工作人员的提货日志,将货物有条不紊地码放整齐,还从不间断地对仓库的各个角落进行打扫清理。

几年下来,仓库没有发生一起失火盗窃案件,其他工作人员每次提货也都会在最短的时间里找到所提的货物。在公司成立15周年庆功会上,总裁按老员工的级别,亲自为老陈颁发了6000元奖金。好多老员工不理解,老陈才来公司这么几年,凭什么能够拿到这个老员工的奖项?

总裁看出大家的不满,于是说道:"你们知道我这几年来检查过几次咱们公司的仓库吗?一次没有!并不是说我疏忽工作,其实我一直很了解我们公司的仓库保管情况。作为一名普通的仓库保管员,老陈能够做到几

我的岗位 我负责 我的工作 请放心

年如一日地不出差错,而且积极配合其他部门人员的工作,对自己的岗位尽职尽责,比起一些老员工,老陈真正做到了恪尽职守,我觉得这个奖励他当之无愧!"

可以想象,只要在自己的位置上真正领会到"岗位就是责任",领会到责任的重要性,百分之百负责地完成自己的工作,这样的员工迟早都会得到加倍的奖赏。

也许你目前的岗位和文中那位洗车工一样要面对各种各样难缠的顾客,也许你的岗位和那位仓库管理员一样,并没有什么技术含量,但是,这都不应该是你不负责任的借口,你如何对待岗位,岗位就如何对待你。既然如此,该用一种什么样的心态面对自己的岗位呢?我们要牢记三个词——"饭碗""责任"和"舞台"。

(1)岗位是饭碗

岗位对于大多数人来说,首先是饭碗,是谋生的手段。在激烈的竞争中谋得一个岗位不易,愈是高质量的岗位,愈是炙手可热,愈是趋之若鹜,愈是保岗不易。如果安于现状,不思进取,工作只求过得去,不求过得硬,必将岗位难保。

珍惜岗位应做到以下两点。一方面,要有激情。应当迸发出蓬勃向上的朝气、攻坚克难的勇气、昂扬奋进的锐气,不等不靠、奋勇向前。另一方面,要有素质。做到脚踏实地不浮躁,埋头苦干不张扬,努力用自己谦逊的态度、优秀的业绩去赢得别人的信任,不把功劳当资本,不把苦劳当本钱,不把疲劳当理由。

(2)岗位是责任

岗位,不仅仅是"为稻粱谋"。岗位意味着责任。岗位可以普通,但责任同样重大。有收获必有付出,有享受必有奉献,这是社会生活的法则。责尽才能心安,苦中亦能有乐,快乐和尽职如影相随,是一种深刻而朴实的体验。尽到自己的责任,快乐便会在辛苦付出中不请自到,使看似普通的工作变得高尚和光荣。

担负责任,首先要做好自己的事。做到爱岗敬业、忠于职守,认认真真对待每一项工作,保质保量完成每一项任务,做工作的最后一道关口。其次要有精益求精的心态,不满足于现状,不断为自己设定新目标,不断提高对自己的要求,增强工作的主动性和创造性。

(3)岗位是舞台

在岗位这一舞台上,只有小演员,没有小角色,每个人都是主角,表演的精彩程度取决于扮演角色时的投入程度。舞台可以简陋,演出必须精彩;岗位可以平凡,追求必须崇高。将平凡的工作干得不平凡,才能彰显工作者的伟大。

要把岗位当作展现自己能力的舞台,真正做好本职工作,就要摆正心态,轻装上阵,高调做事,低调做人。工作中要善于谋划、勤于实践、敢于创新,找准工作的着力点,抓住重点、解决难点、树立亮点,创造性地开展工作,在平凡的岗位上干出不平凡的业绩。

2.

责任心撑起岗位的半边天

一个有工作能力,却没有责任心的人,会千方百计地推卸责任,尽量少承担责任,这意味着再强的工作能力也等于零。

岗位责任制的目的就是把全部生产任务和管理工作具体落实到每个岗位,细化到每个人身上,做到事事有人管、人人有专责、办事有标准、工作有检查，保证广大员工的积极性和创造性得到充分发挥。岗位责任制将责任落实到了每一个岗位，但岗位责任制的执行还在于员工的责任意识，因为一个人若想逃避责任，可以找出千百种理由。因此，岗位责任制的实质是以员工的责任心为保障的。

每个人在不同的场合、不同的单位扮演着不同的角色，肩负着不同的责任。我们要将不同的责任根植于心，无论是在日常行为中，还是在工作当中，无论是作为普通员工，还是处于领导地位，都需要保持高度的责任意识，否则会造成严重的后果。

大家还记得20世纪90年代的那次空难事件吗？

两架飞机在欧洲上空的同一高度航线对飞，一架是货机，另一架是客机。一位空中交通管制人员在雷达上发现两架飞机进入危险距离后，通知货机下降1000米，以便让客机直行，但并未将这一调整告知客机，于是货机接到地面指示后立即下降，此时的客机却没有接到直行指示。当客机的雷达上显示正前方有一架飞机时，飞机上的电子自动避碰系统开始工作，自动指挥飞机下降了1000米，以便让货机直接通行。结果两架飞机同时都下降了1000米，又再一次处于同一航线上。时隔不久，两架飞机相撞，发生了20世纪最为惨烈的空难。

如果那位空中交通管制人员不是由于疏忽而忘记了通知客机关于调整飞行高度的指示，不是自以为是地认为客机机长一定会自己看到这个变化，这个事件还会发生吗？

当然，管制人员肯定不愿意这一事件发生，但为什么还会发生这种几乎很难发生的事件呢？

答案只有一个：当事人忽视了自己的岗位责任！

我们来看另一个关于飞机的事件。

2009年8月8日，一架载有六人的观光直升机与一架载有三人的小型飞机在哈德逊河上空相撞，造成九人死亡。事故的原因，就是因为其中一架飞机提供服务的空中交通管制员一边向飞机发布指令,一边还在和女朋友煲电话粥,而他的同事也不在控制台,管制员发错指令导致两架飞机相撞。

在我们企业里,同样有许多因疏忽岗位职责、放松安全警惕发生的惨案。

安全是一种使命、一种责任、一种爱心。有了使命感,我们才能有耐心和毅力坚守职责,守护安全;有了责任心,我们才能热爱自己的工作,才能尽心尽责地对待哪怕是最平凡的工作。

苏贵聪,全国劳动模范,广东海事局汕头航标处灯塔养护工。1976年,18岁的苏贵聪高中毕业被招工来到遮浪岛灯塔。

苏贵聪在做遮浪灯塔养护工时,他和同事谢盛松两人住在两间20世纪50年代由部队修建的守灯房里。从守灯房到遮浪岛有1000多米的水路,他们唯一的交通工具就是一只小木船。苏贵聪和他的同事每天至少要在守灯房和灯塔之间往返两次,若有设备故障或在台风季节就要跑得更勤。35年来,苏贵聪用这只小木船来回运送着器材,他摇船的距离能绕地球两周……

在这35年里,不管刮风下雨,苏贵聪都雷打不动地每天自己渡船到孤岛上工作。每天看灯塔三次,看不到灯塔,他就睡不着,在这几十年里,灯塔可以说是他唯一的牵挂。

在这35年里,他有过三次生死经历,其中一次是在12级台风即将来临之时。当时,苏贵聪看见自己唯一的交通工具——那艘小木船还停泊在岸边,他担心台风会卷走小木船,便想抢在台风登陆前把它拖上岸。就在他拼命拉着小木船往岸上走的时候,他被台风卷到空中,重重摔下来,头撞到礁石上,当时就昏过去了。当他做完开颅手术,昏迷了21天之后,他问的第一句话却是:

我的岗位 我负责 我的工作 请放心

"我的灯塔还亮吗?"

母亲问他:"台风那么大,你去干什么?"

他说:"小船是国家的财产,国家财产怎么能丢掉?"

为了保证灯塔正常工作,保障过往船舶安全航行,苏贵聪对工作总是一丝不苟,他还给自己安排了许多额外的工作。除了按规定每日三次定时观察灯光情况外,苏贵聪每天夜里还要起几次床查看灯光。灯塔的灯具和设备都非常娇贵,白天要拉上窗帘遮阳,晚上开灯时再拉开。只有清洁保养的功夫做到家,灯光效果才能达到最佳。为此,苏贵聪养护灯塔比爱护自己的眼睛还要用心。每一条抹布都有专门的用途,分别用在不同的清洗程序和不同的物件上,绝不混淆。为了不让海水腐蚀塔上的设备,无论是上级领导,还是远道而来的客人,苏贵聪都要求他们在进入灯塔前先洗手、换鞋。而这些洗手的淡水,全是苏贵聪从陆地上一桶一桶提过去的。

夏季,灯塔里的温度经常高达五六十摄氏度,而苏贵聪往往在里面一干就是五六个小时,干完活衣服都能拧出水来了。在他的精心维护保养下,灯塔的灯器和设备不仅干净整洁、始终如新,而且从未出现大故障。2001年交通部"水上运输安全管理年"活动中,遮浪灯塔被评为灯塔管理第一名。

苏贵聪朴实地说:"既然我在这个岗位上,我就应该尽心尽力做好自己的工作。我的目标只有一个,就是让组织放心,让来往的船只安全地经过。这是我的职责,也是我最快乐的事情。"

养护工作枯燥而危险,守灯生活孤独而清贫。为了养护灯塔,苏贵聪有将近20年没在家过春节。多年来苏贵聪从不因为工作的单调和生活的寂寞而抱怨或懈怠;相反,他以高度的责任感认真对待自己的工作,日复一日坚守平凡岗位。他为每一艘过往船只守护安全,并从中感受到了最大的快乐。苏贵聪的平凡故事中折射出的崇高与伟大,在感动我们心灵的同时，也使我们深思——对待工作要有一颗高度的责任心，只有这样才能把工作做得尽善尽美。

无论一个人的学识、能力和经验如何，只要有责任心，就能落实责任。如果一个初中毕业、流水线上的员工能保质保量、百分之百地完成任务和承担自己的岗位责任，那他就是企业的人才。如果一个博士生总是指手画脚，却不做实事，那么，对于落实责任来说，他就是个"破坏者"。

一个有工作能力，却没有责任心的人，会千方百计地推卸责任，尽量少承担责任，这意味着再强的工作能力也等于零。因此，责任心和工作能力同等重要，我们要用责任心撑起岗位责任的天，把岗位责任真正落到实处。

3.  岗位的底线在于承担职责

无论是普通职员还是企业高管，承担职责不仅是一种基本的职业素养，更是一种保护自己的手段，逃避责任将会让自己置身于巨大的风险之中。因为不承担职责，老板会失去对你的信任，你会丢掉饭碗，甚至丢掉前程。

逃避责任是人的一种本能，或者说是一种自我保护。然而，假如你够聪明，假如你真正想让自己在职业场上平步青云，就不要用逃避的方式保护自己，而要迎着责任前进，勇于承担职责。

你一定遇到过这样的情境，当你的某项工作完成得并不好，领导怀疑你的时候，跳到你脑海里的第一句话也许就是"这跟我没关系""这不是我干的""我也不想这样的，但是……"，想出大堆理由，证明自己是无

辜的，不该受到责罚。

事实上，没有一个老板会喜欢逃避责任的员工。没有哪个老板会把重要的工作交给一个没有一点责任心的人。如果你一再表现得怕承担责任，老板最终会放弃你，要么让你离开，要么让你在一个不起眼的角落里干一些不起眼的工作，把你彻底打入企业"冷宫"。

李沛是一家家具销售公司的部门经理。有一次，他得到一个秘密消息：公司高层决定安排他们这个部门的人到南京去处理一项非常难缠的业务。他知道这项业务非常棘手，难度非常大，所以提前一天请了假。第二天，公司安排任务，恰好他不在，便直接把任务交代给他的助理小梅，让小梅转达给他。

小梅给李沛打电话："李经理，上面的任务安排下来了，您看我们什么时候启程去南京？"

李沛说："小梅啊，我最近肠胃炎犯了，医生说要在家静养，不能长途劳累，这趟出差，你就全权代理吧，我把注意事项交代给你。"

没想到，一个月后，业务处理得并不是很顺利，李沛怕公司高层追究自己的责任，就对总裁说："我上个月生病了，在家静养，一切都是我的助手小梅处理的，我不太清楚细节。"他想，小梅是总裁安排到自己身边的人，出了事，让她顶着，在公司高层面前还有一个回旋的余地。假若让自己来承担这件事的责任，恐怕有被降职罚薪的危险。但是，纸是包不住火的，当总裁知道事情的真相后，便毫不犹豫地辞退了他。

责无旁贷，我的岗位就是我的责任

工作中，常常有人不愿承担自己的责任，他们把责任看成是洪水猛兽，唯恐避之不及。其实，岗位的底线就是承担责任，不承担责任才是最大的风险。机会通常与责任并存，只有那些责任感强的人，才有可能伸手抓住它。

我们都羡慕比尔·盖茨的成功，但我们从来没想过他为什么会成功。比尔·盖茨曾说："如果你有很强的责任感，能够接受别人不愿意接受的工作，并且从中体会到付出的乐趣，那你就能够克服困难，达到他们无法达到的境界，并得到应有的回报。"

身在职场，最大的风险就是不敢承担责任，最大机会就是勇于承担责任。我们应该做一个充满责任感的人，带着责任感工作。

当然，承担职责、做职场的佼佼者都是需要付出代价的，但相对于以后辉煌的人生来说，对这些"负重前行"的成本的投入是值得的，它是令你成长为强者的必经之路。

梁伟是我的妹夫，他在一家公司担任市场总监。他原本只是他们公司里一个生产线工人，那时公司的规模不大，只有30多人，有许多市场等待开发，而公司又没有足够的财力和人力，每个区域只能派一个人去，梁伟便被派往东部一个城市开发市场。

梁伟从来没去过那个城市，吃住都成问题，但他相信开发市场是自己的责任，必须要完成好。没有钱坐车，他就步行去拜访客户，向客户介绍公司的电器产品。为了等待约好见面的客户，他常常顾不上吃饭。他租了一间破旧的单间居住，只有一张床。每到夜晚，寒风就从破损的窗户中放肆地钻进来。

那个城市的气候不好，春天沙尘暴频繁，夏天又阴晴不定，冬天天气寒冷，对于一个囊中羞涩的业务员来说，这简直就是最大的考验。公司提供的条件太差，远不如梁伟想象得好。有一段时间，公司连产品宣传的资料都供应不上，好在梁伟这段时间结识了一些朋友，朋友帮他找人临时印刷了一批宣传单。

在这样艰苦的条件下，不动摇几乎是不可能的，但每次动摇时，梁伟

我的岗位 我负责 我的工作 请放心

都会对自己说:"这是我自己的责任,为了自己和家人也要坚持下去。"一年后,派往各地的销售人员都回到公司,其中有很多人早已不堪忍受工作的艰辛而离职了,在剩下的这些销售人员中,梁伟的业绩是最好的。

后来,梁伟凭着自己的优秀业绩当上了公司的市场总监。

梁伟的能力可能没有其他销售人员强,但是他敢于承担职责,即使环境再困难都没忘记自己身上所要承担的责任,这也使得他最终得到了领导的重用。

一个敢于承担责任的人,能够在工作中不断地锻炼自己,让自己变得越来越强。相反,其他的销售人员遇到一些困难就选择逃避,即使再出色的能力也不能得到展现,这样的员工怎么会得到公司的重用呢?

说了这么多,都是在谈工作中要勇于承担责任。而承担责任也是有技巧的,那么我们应该如何正确对待自己的责任,并且承担职责呢?也许,想清楚这两个问题,你就有了答案。

(1) 为什么是你承担这个责任而不是别人

首先,这是对你工作能力的肯定,承担的责任越大,说明你的工作能力越强,今后在企业中的机会就越多。既然上司给了你这个机会,就要抓住机会,不要推脱。做的不好也没关系,但是如果不敢承担责任,机会就不会降临于你,成功就离你越来越远了。

(2) 你应该承担这个职责吗

假如你承担了太多不属于你的职责,过分地表现自己,你的上级和同事就很可能会认为你居心叵测,太想出人头地。在公司,每个人的职责都很明确,如果你承担了别人的职责,万一出了问题,该谁来负责呢?

(3) 你如何承担这个职责

只承担适当的责任,不要超越。任何事情都得有个度,超越了这个界限,事情只会朝着相反的方向发展。

比方说,考虑公司战略是老板的事,老板的工作你都做了,那还要老板干什么？在岗位上，把握好职责的度很重要，不要让自己的责任超过自己的上级，千万要记住，我们可以用老板的思维去思考，但是在行动上，还是要"守本分"，按照自己的职责做事情，充分估计自己的能力，承担适当的责任。

4.

脱离责任一点点，岗位问题千千万

只要是跟岗位有关的细节，就没有大小之分。哪怕是很不起眼的一小部分没做到位，也有可能造成无法挽回的后果。任何人在岗位上的一点马虎，都有可能让整个企业遭受巨大的损失。

曾经跟我们公司合作的一家广告公司就犯过这样一个错误，在为我们公司制作的新产品宣传单页中，联系电话中的一个数字弄错了。当他们把印刷好的宣传单页交到我们公司人员手上时，由于时间紧任务重，所以我们公司的员工没有检查单页上的内容就签收了。一直到第二天发布会结束，才有人发现电话印错了，而此时这样的宣传单已发放了5000多份。

我们总经理一怒之下，向广告公司要求巨额赔偿。无奈之下，广告公司只好按照我们的要求进行了赔偿。然而，事情并没有就此结束，这件事情传开后，这家广告公司便在业界失去了信誉，渐渐没有生意可做，因为没有人再敢把自己的业务交给他们去做，害怕再出差错给自己带来麻烦和损失。

这样一次看似小小的失误，就把一家本来极有前途的广告公司击垮了。

我的岗位 我负责 我的工作 请放心

我们不妨设想一下，假如广告公司的员工在工作时能更认真负责一点，带着责任感去工作，也许这家广告公司早就成为业界翘楚了。

我们一定特别讨厌"婆婆嘴"的人，什么叫"婆婆嘴"？就是说话唠唠叨叨，不厌其烦。但是，在工作中我们不妨就做一个"婆婆嘴"。但这个职场上的"婆婆嘴"和那些市井的"婆婆嘴"有本质的区别。职场上的"婆婆嘴"是多注意、勤唠叨，关注的绝不是鸡毛蒜皮的小事，而是和企业、岗位、项目息息相关的细节。检查工作时，不妨多唠叨几句，甚至多说一句话，就有可能避免一次失误，减少一次损失。

"婆婆嘴"也是一种责任，如果缺少这种责任，就不是一个称职的员工，至少不是一个有责任心的员工。比如有的员工在工作时，忽视工作质量，心想"我管你怎样，我按时完成不就行了吗？"至于在完成工作的过程中，应该注意哪些问题，有哪些容易发生的不安全因素等，一概不管，一概不问。

其实有很多损失都是工作粗枝大叶，脱离责任，不交待细节问题而造成的。小到合同打错一个字，造成整个项目延误，甚至丢了客户；大到生产一线不重视岗位安全，造成生产事故，甚至闹出人命，这都和责任心有关系。我们不妨冷静下来想一想，假如我们在岗位中多嘱咐、多检查，这些问题都可以避免。

现代企业之间的竞争越来越激烈，员工的任何马虎行为都可能使整个企业蒙受巨大的损失。因此，现代企业的领导者都非常注重对员工责任感的培养，有较强责任感的员工不仅能够得到领导者的信任，而且也能为自己事业的成功奠定坚实的基础。

也许有的人还记得，在2004年2月15日，吉林市中百商厦发生了一起特大火灾，造成54人死亡、70人受伤，直接经济损失达400余万元。然而，谁也没想到，这起严重事故的直接原因，竟然是一个小小的烟头：一位员工到仓库卸货时，不慎将吸剩下的烟头掉落在地上。他随意踩了两脚，但是并没有确认烟头是不是彻底熄灭了，就匆匆地离开了仓库。当天11点左右，烟头将仓库内的物品引燃。

这就是"一个烟头引发的惨案"：54人丧生火海，70人受伤，400余万元财产灰飞烟灭。灾难过后，回头看看，感觉事情原因就是那么简单，简单得令人难以接受。

表面上看，这是一场由小小的烟头引发的人间惨剧，但仔细想来，夺去那54条人命的不是现实中忽明忽暗的烟头，而是工作人员责任感的缺失。

责任心是保护生命的前提，责任心是安全的保障。安全系于责任，责任重于泰山。职务的本质是责任，岗位的本质也是责任。有职务和岗位就有责任和使命，而不能尽职尽责者，就叫失职失责。岗位责任容不得半丝半毫的马虎和大意。责任心少一点点，就会带来千千万万的问题。特别是在安全上，不少事故、灾祸、悲剧的产生，问题并非天灾，而是人祸。

2005年12月25日夜，四川省高桥镇，中国石油天然气集团公司西南油气田分公司川东北气矿罗家16H井在起钻时，突然发生井喷，富含硫化氢的气体从钻井喷出达30米高，失控的有毒气体随空气迅速扩散，导致在短时间内发生了大面积的灾害。井喷事故波及28个村庄，其中最严重的是高桥镇的两个村。重庆的山区道路崎岖、泥泞，通讯落后，事故发生后，有的村民来不及逃离就被毒气夺去了生命，有的则倒在了逃离的路途上。这次事故共造成245人死亡、4000人受伤、近9万人受灾的恶劣后果。

经过相关调查，发现事故原因如下：

——有关人员对罗家16H井的特高出气量估计不足；

——高含硫高产天然气水平井的钻井工艺不成熟；

——在起钻前，钻井液循环时间严重不够；

——在起钻过程中违章操作，钻井液灌注不符合规定；

——未能及时发现事故征兆；

——有关人员违章卸掉钻具上的回压阀，是导致井喷失控的直接原因；

——没有及时采取井喷管线点火，大量含有高浓度废硫化氢的天然气喷出散开，才最终导致9万余人受灾的严重后果。

惨案触目惊心，就是因为有关岗位上的人员玩忽职守，没有尽职尽责地做好自己的工作，才最终酿成了惨剧。

任何一个想在职场中有所作为的人，都要时刻意识到：脱离责任一点点，岗位问题千千万。一个有责任心的员工，首先应该从小错误开始，重视自己犯下的小错误，带着责任感去改正那些小的错误，一定会收获很多。

坚持预防岗位失误，大到煤矿各专业生产一线，小至各个岗位和企业，都必须高度重视，严密计划。从公司安全决策、技术规范、安全规划、规程编制、组织管理等各个方面，除立足体现和突出预防为主的工作重点外，在日常安全管理安排部署具体工作中，还必须要突出预防为主的工作原则。说到预防，我们该如何防范岗位中可能存在的隐患呢？大家不妨从以下几个方面入手。

（1）思想认识抓预防

要经常性地对员工进行安全事故教育，经常抓、反复抓，使员工时时保持警惕，处处留心事故苗头。

（2）安全管理抓预防

要总结、提炼和推广一些切合实际、针对性强的管理经验和安全理念，如"越是节假日，越是项目工作繁忙，越是需要加强工作管理"等安全管理经验和理念，严格考核与监督，切实抓好源头安全管理。

（3）完善制度抓预防

要不断健全和完善现有的员工管理制度，形成用制度管人、用制度管事的体制机制。结合企业特点，认真研究，积极探索创新安全生产教育工作的方法和途径。

（4）突出重点抓预防

预防工作的重点往往也是工作的难点。要以意外多发、员工普遍关注的专业和岗位为重点，集中开展安全专项整治。对薄弱环节重复抓，举一反三查苗头、堵漏洞，力求突破弱项，变弱项为强项。

（5）探索规律抓预防

要增强预防工作的预见性，认真开展调查研究，及时发现企业安全生产工作中存在的倾向性、苗头性、突发性、规律性问题，并进行科学分析，超前预防，有针对性地采取防范措施，确保把隐患消灭在萌芽状态，保证企业财产不受损失。

5.

有责任感的员工是刚需

挪威作家克努特·汉姆生曾经说过："热爱职业，不怕长途跋涉，不怕肩负重担，好似他肩上一日没有负担，他就会感到困苦，就会感到生命没有意义。"

我们常常从前辈嘴里听到这样一句话："没有该不该承担的责任，只有愿不愿承担的责任。"承担责任是一种自觉自愿的行动，而整天讨论该由谁来承担责任只会把时间浪费在无休止的争论和找借口上，是没有任何意义的。只有发自内心的，自愿地承担起责任，才能体会到其中的乐趣。我们还要时刻记住，有责任感的员工，在任何时候都是企业的刚需。

我在刚刚进入职场，参加入职培训时，培训师给我们讲过这样一个故事。在日本有一个国家级大奖叫做"终身成就奖"。无数职业精英终其一生，努力奋斗，都未必能得到这个奖项。但是有一年的"终身成就奖"颁给了

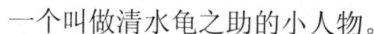

一个叫做清水龟之助的小人物。

他原来是一名橡胶厂的普通工人,后来转行做了邮递员。在做满一年后,就对邮递员这份工作感到疲劳,想辞职了。这天,他看到自己的自行车信袋里还剩一封信没送出去,他便想:送完这最后的一封信,我就去辞职吧。

但是,那天下了很大的雨,这封信被雨水打湿了,地址模糊不清,他花费了好几个小时,还是没能把信送到收信人手中。由于这将是他邮差生涯送出的最后一封信,具有特殊的意义,因此他发誓无论如何也要把这封信送到收信人的手中。他耐心地穿越大街小巷,到处打听,好不容易把信送到了。原来这是一封录取通知书,被录取的年轻人已经焦急地等待了好多天。当他拿到通知书的那一刻,激动地和父母拥抱在一起。看到这感人的一幕,清水龟之助深深地体会到了邮差这份工作的意义所在。"即使是简单的几行字,也可能给收信人带去莫大的安慰和喜悦。这是多么有意义的一份工作啊!我怎么能够辞职呢?"

由于体会到了工作的意义和自己肩负的使命,清水不再觉得乏味与厌倦,他深深地领悟了邮差职业的价值和尊严。他一干就是25年,创下了25年全勤的完美纪录。

可见,找到了工作的使命感,你就会充满激情地投入工作,让承担责任成为一种自觉的行动。当你触发了自己的责任心,企业怎么会不需要你呢?

没有责任感和富有责任感的员工之间的区别很大,后者一心扑在工作上,没有他人的督促,也能出色地完成任务,因为他们在这种责任感的感召下,会有"我愿意工作"的主动心态,同时工作能使他们获得欣慰与满足。

2011年五一劳动节期间,微博上有这样一条推送——长沙杨佳快速收银通道。这到底是一条怎样的通道呢?

在湖南长沙,一个普通的收银员竟成为当地老百姓心目中的明星。更令人稀奇的是,在她就职的超市里,还有一条以她名字命名的收银通道——杨佳快速收银通道。

这家超市,一个"杨佳快速收银通道"的招牌十分引人注目,在收银通道内排满了等待结账的顾客。收银员杨佳是一个20岁出头的小姑娘,个子很高,脸上始终挂着温暖的微笑。

当第一位结账的顾客来到柜台前时,她便面带微笑地问候:"您好!"随后她一手麻利地从车里拿出商品,眼角一瞄,扫描仪立即准确扫向条形码位置,一套动作行云流水。

"100块8毛!"扫描完,她马上报出数额。在顾客掏钱的同时,杨佳又以惊人的速度将物品整装完毕。不仅如此,杨佳凭着她精湛的专业技能在"银联杯"全国商业服务收银员银行卡知识、技能竞赛总决赛中,以绝对优势获得个人第一名。

杨佳说:"我刚刚来超市的时候,也做得不好,有一次一个女孩子买了一根雪糕,排队等结账,排到她时,雪糕已经化完了。我心里蛮过意不去的,就说要给她换一个,女孩子说不用,这件事让我下定决心,一定要加强自己的技术。"

从那时起,她常常利用休息时间苦练技术,饭后练,看电视练,甚至睡觉前坐在床上还要练上几把。杨佳的双手长满了老茧,指纹几乎被磨没了。功夫不负有心人,杨佳的收银技能突飞猛进!

杨佳能从一个业务不熟练的收银员成长为一个精通业务的优秀员工,正是因为她有一种强烈的责任感,她的责任感来自为了更好地为顾客提供服务。同时,她的成功向我们证明:一个具有强烈责任感的员工,企业是非常需要的。

如果你能够在工作中发现自己的责任,并努力从工作中发掘自身的价值,你就会发现工作是一件乐事,而不是一桩惹人烦恼的苦役。

我的岗位 **我负责** 我的工作 请放心

其实我们每个人都应该有这样的心态，不管是从事何种工作、职业，只有将责任作为自己的第一行为准则，才能把工作做好。工作有难有易，要把工作做得尽善尽美、精益求精，离不开一个因素，那就是具备强烈的责任心。缺乏责任心的人，任何事情都不会做好。有了责任心方能尽职，从自身做起，从小事做起，做到不因事大而难为，不因事小而不为，不因事多而忘为。只有我们在工作时把责任心放在心头，时刻提醒自己保持认真的工作态度和对自己负责的态度，脚踏实地地工作，才能把工作做好，才能得到同事和领导的认可。

管理学家认为，责任是员工的第一行为准则。在这份准则里，你首先要明确的是你的工作态度——要以高度的责任感对待工作，不懈怠工作，对于工作中出现的问题敢于承担。这是保证任务能够有效完成的基本条件。也是企业选择员工的基本标准。

很多员工以为，只要准时上班，按时下班，不迟到、不早退就是对工作负责了，其实不然。把责任作为自己第一行为准则的员工从不等待、推诿，总是力争把工作做到最好，使自己的工作为企业创造最大的价值。只要我们用心去做，完全可以做得更好！

周秦和嘉阳是同班同学，大学毕业后他们同时进入一家网络企业做程序设计师。

起初，两人的工作表现不分伯仲。半年之后，嘉阳给人留下了工作积极主动的好印象，而周秦却给人留下了推诿、逃避工作的坏印象。于是，上司总是把重要、难度大的工作交给嘉阳，而不紧要的任务扔给周秦。因此，嘉阳总是忙得不可开交，而周秦却经常优哉游哉。

然而，半年后，嘉阳晋升为部门经理，而周秦却被炒鱿鱼了。

任何一个公司最需要的，都是那些负责任的员工。这些员工才是公司

的"刚需"。在工作中发现自己的责任，自觉自愿地承担起自己的责任，相信企业一定会发现闪光的你。

那我们应该如何提高自己的责任感呢？

（1）抱着学习的心态工作

现在已经进入了一个需要终生学习的时代，社会变化很快，知识更新也很快，要想时刻站在时代的前列，成为本行业领头的企业，就需要员工不断学习。学习专业知识，学习为人处世，学习各种知识让自己成为一个多面手。社会已经从需要单一人才转变为需要复合型人才，所谓学无止境就是说的这个道理。在工作中不管做任何事，都应将自己的心态回归到零：把自己放空，抱着学习的态度，将每一次任务都视为一个新的开始，一段新的体验，一扇通往成功的机会之门。

（2）树立正确的工作态度

态度就是你区别于其他人，使自己变得重要的一种能力，每个人都有不同的职业轨迹，有的人成为了公司的核心员工，受到领导的器重，有的人一直碌碌无为，不被人知晓，有的人牢骚满腹，总认为自己与众不同，而到头来仍一无是处……除了少数天才，大多数人的禀赋相差无几，那么是什么造就了不同的我们？是"态度"！态度是内心的一种潜在意志，是个人的能力、意愿想法、价值观等在工作中所体现出来的外在表现。

（3）对工作要有热忱

热忱是一切希望成功的人，必须具备的条件，一个热忱的人，不论是清洁人员还是企业高管，都会认为自己的工作是一项神圣的天职，并怀着浓厚的兴趣。一个对工作充满热忱的人不论遇到多大困难，始终会不急不躁，抱着这种态度，任何事都不难做成。

第二章 从我做起，打造坚实的岗位责任链

企业是一个大家庭，我们每个人都很难孤立地工作，大家都是在为某一项共同的目标而分工协作。唯有牢牢树立"责任链"意识，既恪尽职守、兢兢业业，又着眼于大局，才能够形成强大合力，在推进企业科学发展的进程中有所作为。

我的岗位 我负责 我的工作 请放心

1.

我们都是"责任链"上不可或缺的一环

在一个企业中，岗位之间、员工之间的关系就是责任链的关系，假如某一个环节责任缺失，责任链就断了，也许整个企业都会随之瘫痪。比如工作中有多人层层把关，最后还会发生某些低级错误，尤其是一些安全生产事故让人们痛心惋惜。事前哪怕只有一个环节上的人尽到责任，这些错误或者事故就可以避免。为了防止责任链的断裂，每一位员工都应该坚守好自己的岗位，把自己的责任落实。

2001年1月26日，一条爆炸性的消息正在爱立信公司酝酿着——爱

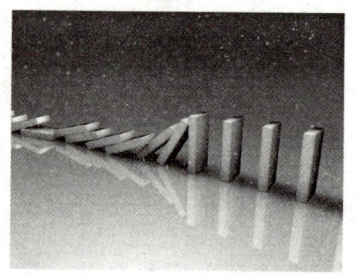

立信公司决定将手机生产外包。2000年，手机业的傲人业绩表明，手机制造是一个潜力无限的市场，可为什么此时爱立信要撤出呢？当然，原因很复杂，但最重要的一个原因，是来自于一场10分钟的小火灾。

2000年3月17日晚上8点，在美国新墨西哥州，一场火灾发生在飞利浦公司第22号芯片厂的车间。这场火灾只发生了10分钟，却破坏了正准备生产的上百万个芯片。更加严重的是，飞利浦公司需要好几个星期才能让工厂恢复生产。

你也许会问，这跟爱立信撤出手机市场有什么关系呢？因为，这家公司为爱立信提供很多种重要的零件和芯片，是爱立信公司供应链中非常重

要的一环。在20世纪90年代中期，爱立信公司为了节省成本，简化了供应链，基本上排除了后备供应商。也就是说，有几种芯片只能由飞利浦公司提供。当飞利浦公司将发生火灾的消息告诉爱立信公司时，爱立信公司的工作人员以为只是场小火灾，没有放在心上，殊不知责任链会因此而断裂并产生严重后果。

责任链断裂的后果很快就显现出来了：在市场需求最大的时候，由于飞利浦公司没法满足爱立信的需求，爱立信又没有其他的供应商，因此，失去了一个巨大的市场。爱立信公司的官员透露，撤出市场相当于损失4亿美元的销售额，市场份额也由一年前的12%降至9%。

实际上，真正毁掉爱立信的不是火灾，而是爱立信公司内部那条责任链的断裂。然而事故之初，爱立信没有意识到它会带来这么大的危害，也没有人去连接那条责任链。爱立信公司负责海外手机部门的华尔比先生直到2000年4月初还没有发现问题的严重性。他后来承认："我们发现问题的时候已经太晚了。"

爱立信的故事告诉我们，工作中的失败，恰恰是那一个个不落实责任的细节造成的，而我们每一个人都是"责任链"上不可或缺的一环。

一个企业就像一台高速运转的机器，任何一个零件出现问题都有可能带来毁灭性的灾难和不可挽回的损失。如果员工不能尽职尽责地做好自己的工作，任何一点小小的失职都可能造成巨大损失。在现实生活中，许多不该犯的错误、不该发生的事故，归根到底都是责任链意识缺乏所导致。个人缺乏责任感，直接降低整体责任链的强度，导致工作中隐患不断。另一方面，又总是认为自己不过一个节点而已，还有其他若干环节、关口，因而未能更多地尽职尽责，这种责任依赖很容易导致工作中漏洞百出，甚至造成重大失误。

一个事业小有成就的老板讲述了他亲身经历的事情。有一段时间，他们公司的产品遭到顾客的频繁投诉，于是高层们聚到一起，讨论如何解决这个问题。最后，他们讨论出了一种前所未有的方法来解决产品的质量问题。

他们推出的方法叫做"上下工序的索赔制度"，意思就是，当一道程序出现问题，在这一程序的员工有权向上一道程序的员工追究责任，直到找出问题的源头为止。因此，每一道程序的员工都有责任去监督上一道程序的质量问题。为保证这一制度的顺利执行，企业还专门成立了以工人为主的索赔仲裁委员会，专门处理员工的责任纠纷问题。到最后，70%的纠纷都由员工自己处理了。

一件件事情总是环环相扣，形成系统。岗位中任何一个责任不落实，都将事关全局，牵一发而动全身。每一个细小的责任所产生的后果不断扩大，就不再是微不足道、可有可无的小责任。所谓大责任，也都是由许多小责任组成的，忽视任何部分，结果都可能功亏一篑。

为了避免责任的缺失或断裂，为了避免责任链像多米诺骨牌一样坍塌，每一个员工都应该认识到责任链的重要性。"勿以善小而不为，勿以恶小而为之"，无论如何都要坚守自己的岗位，落实自己的责任。我们都是"责任链"上的一环，在工作中，要做到人人都负责，每一个责任都落实，不让任何一根责任的链条断裂，从而为企业的顺利运行保驾护航，使自己的事业之舟扬帆远航。

2. 坚守岗位责任的同时要兼顾落实好流程责任

任何一家企业要想实现质的飞跃,都必须要求员工对各自的岗位有高度的责任心,而且要求员工关心工作每一个流程的运作,做到"你中有我,我中有你"。

在工作中,有人抱着"各人自扫门前雪,莫管他人瓦上霜"的态度来应付工作,只盯住了岗位责任,却忽视了流程责任,更不去落实流程责任。事实上,如果流程责任不落实的话,整个责任链就会出现问题,导致整个工作无法顺利进行,更有甚者,还会导致重大失误。因此,一个企业要想有好的发展,员工就必须在坚守岗位责任的同时兼顾落实好流程责任。

我在读大学时,老师给我们讲的德国国家发展银行"十分钟的悲剧"的故事,就是典型的"流程责任人缺失"案例。

2008年,金融危机席卷全球,当年9月15日上午10:10,拥有158年历史的美国第四大投资银行——雷曼兄弟公司向法院申请破产保护,消息在短时间内传遍全球。然而在这种情况下,德国国家发展银行10分钟之后,居然按照外汇掉期协议的交易,通过计算机自动付款系统向雷曼兄弟公司即将冻结的银行账户转入了3亿欧元。显然,这3亿欧元是肉包子打狗有去无回。

转账风波曝光后,整个德国为之震惊,大家都认为这个事故本可以避免,这笔损失本不该发生。因为此前一天,有关雷曼兄弟公司破产的消息已经满天飞，德国国家发展银行应该知道交易的巨大风险，并应该事先做好防范措施才对。那这件事情的来龙去脉到底是怎样的呢？在这短短的10分钟里到底发生了什么？

法律事务所的调查员针对这件事情展开了全面的调查，对相关人员进行了询问，在最后的调查报告中，我们得知了真相。

CEO乌尔里奇·施罗德说："我知道今天要按照协议预先的约定转账，至于是否撤销这笔巨额交易，是要让董事会开会决定的。"

董事长保卢斯说："我们还没有拿到风险评估报告，所以无法及时作出正确的决策。"

董事会秘书史丽芬说："我向国际业务部催要风险评估报告时，总是占线，我想我还是等一下再打电话比较好。"

国际业务部经理克鲁克说："我周五和家人约好了去听音乐会，所以我要提前打电话订票。"

国际业务部副经理伊梅尔曼说："忙于其他事情，没有时间去关心雷曼兄弟公司的消息。"

负责处理与雷曼兄弟公司业务的高级经理希特霍芬说："我让文员上网浏览新闻，一旦有雷曼兄弟公司的消息就立即报告，然后我就去喝咖啡了。"

文员施特鲁克说："10:03分，我在网上看到了雷曼兄弟公司向法院申请破产保护的新闻，马上就跑到希特霍芬的办公室，可是他不在，我就写了张便条放在办公桌上，他回来后会看到的。"

结算部经理德尔布吕克说："今天是协议规定的交易日子，我没有接到停止交易的指令，那就按照原计划转账吧。"

结算部自动付款系统操作员曼斯坦因说："德尔布吕克让我执行转账操作，我什么也没问就做了。"

信贷部经理莫德尔说："在走廊里碰到了施特鲁克，他告诉我雷曼兄弟公司的破产消息，但是我相信希特霍芬和其他职员的专业素养，一定不会犯低级错误，因此也没必要提醒他们。"

公关部经理贝克说："雷曼兄弟公司破产是板上钉钉的事，我想跟乌尔里奇·施罗德谈谈这件事，但上午要会见几个克罗地亚客人，等下午再找他也不迟，反正不差这几个小时。"

大家看到了吗，在这家银行里，上至董事长，下至操作员，没有一个人是笨蛋，但悲剧的是，大家同时出了那么点小错误，"德国最愚蠢的银行"就此诞生。是疏忽？是马虎？是麻痹大意？是开小差？生活中，我们也常明知故犯，而将自己逼入绝境。实际上，只要当中有一个人认真负责一点，那么这场悲剧就不会发生。

我们每个人都有自己的工作岗位，这个岗位赋予了我们每个人神圣的职责。不管我们做什么，不管这项工作多么细小、多么微不足道，我们都应该认真对待，因为我们的每一次小小疏忽，每一次理所当然，都有可能引发一个大的失误，危及到企业的发展。

所以，对于一名好员工而言，无论做什么事，都要时刻牢记自己的岗位职责，勇于承担起自己应尽的流程责任。如果人人都能够多一点责任心，让每一项工作都不存在边缘地带，"十分钟的悲剧"就不会上演。

在瞬息万变的社会和经济环境里，企业执行一个具体的工作指令会产生什么样的结果？这个结果会对企业产生什么样的影响？是每一个身处工作流程中的员工都应该用心思考的问题。也许结合实际的情况，认真负责地多问几个为什么，并不会耽误我们多少时间，但往往就是一句提示或一声嘱咐，就能将问题处理于萌芽状态，化解一场即将出现的危机。

企业生产经营要顺利进行，不仅要求员工对本岗位工作负责，而且要求员工关心全流程的整体运作，切实做到"你中有我，我中有你"。每个员工都要意识到，自己是整个责任链上的一个至关重要的节点，要实现企业生产经营效益最大化，就必须更加注意相互配合、精诚协作、规避失误，确保各项任务的圆满完成。

企业是一个大家庭，每个员工都要为共同的目标而分工合作。要把我们的企业做大做强，就要培养员工的团队精神，强化其"责任链意识"——既要恪尽职守、兢兢业业，又要着眼大局、相互协作。

落实好责任不妨从以下两个方面入手。

（1）流程优化方案讨论共识，加强流程培训宣导

在流程优化的过程中，流程编制人不要只埋头写文件，而应该和流程上涉及的岗位负责人详细沟通，收集各方意见，并就流程优化的结果召开跨部门的沟通会，让大家理解优化的背景、目的和优化方案的要点，结合当前实际情况，对优化内容达成共识，才能为后续的推行落地奠定基础。

一个涉及范围大，有重大调整的流程，必须要求所有流程参与者参加具体的培训和宣导工作大规模重复的流程其难点就在于怎样用一个浅显易懂的方式让使用者掌握并可以标准化地执行。在一些企业有较好的做法，如制作影音文件，模拟业务场景等，以更好地让流程执行者掌握流程的要点。

（2）落实流程责任人及职责

任何事情的落地，找对责任主体是关键的第一步。要保证流程持续优化，必须确定流程责任人。

确定了流程责任人，就要赋予流程责任人这个角色清晰的职责，同时要给流程责任人这个角色赋予真正的力量。不能单是口头上说"我任命你是流程责任人——去好好干吧"，这只会把流程责任人搞糊涂，要么不作为要么碰壁而回。

3. 细化岗位责任,让"铁索"再坚固一点

岗位出问题,一定是某些细节没有做到位,某些责任没有落实好。只有把责任细化到每个步骤中,执行才能得到最到位的落实,从而获得出乎意料的工作结果。

执行力是一切组织成功的关键,没有执行力,就没有竞争力。企业管理涉及方方面面。从某种意义上说,企业管理是条闭环链,链上的每一环都是影响企业的重要因素。因此,要提高企业管理的执行力,必须细化岗位责任,从细节抓起,重视每个环节链的管理,督促每个环节都执行到位。

我们公司有个规定,每个月最后一个周五的下午全公司大扫除,但是只要各个部门主管不安排,几乎没有人把这件事放在心上。由此可见,一件事没有执行到位,会牵扯到一系列的环节,一个环节不到位,后面的环节都不会落实好。

再到位的措施,再完美的流程,如果执行力不够,也是纸上谈兵,也许还会带来更大的问题。为什么麦当劳、海尔受到这么多人的模仿、学习,却没有出现第二个麦当劳,第二个海尔呢?究其原因还是没有把责任细化到每个环节里去,麦当劳餐厅半个小时打扫一次卫生,你可以吗?海尔会议室的水杯不管何时看都是一条直线,你可以吗?

我的岗位 我负责 我的工作 请放心

也许你可以,但是你没做好;也许你做好了,但是只有那么一次,没有坚持下去。因此才没有第二个麦当劳、海尔出现。

我们来看看麦当劳是怎么把每个环节落实到位的。麦当劳的创始人克罗克曾说:"我强调细节的重要性。如果你想经营出色,就必须使每一项最基本的工作都尽善尽美。"

麦当劳的员工手册有500多页,在进货、制作、服务等所有大环节中的每一个环节都有着严格的执行标准,并且有一套严格的规范来检验操作的结果。

就拿食品类来说吧,如何烤肉饼一项就写了20多页;面包不圆和切口不平都不用;奶浆接货温度要在4摄氏度以下,高一度就退货;一片小小的牛肉饼要经过40多项质量控制检查;生菜从冷藏库拿到配料台上只有两小时的保鲜期,过时就扔掉。其中,对生产过程采用电脑操作和标准操作,制作好的成品和时间牌一起放到成品保温槽中。炸薯条超过7分钟、汉堡包超过19分钟就要毫不吝惜地扔掉。

执行力是指人们主动地、创新性地完成上级领导确定的目标和要求的任务,良好的执行力需要员工把上级要求的事项做到位,在规定的时间内保质保量地完成。例如,某企业为海外市场制作一款机型,确定2009年12月12日完成,而员工推后了30多天才完成,这就是执行力不够强的表现。

很多企业的经济效益不好,是因为其执行力在某一环节总是出现问题。

执行是一个系统工程,必须层层细分下去,不放过任何一个细节。在任何一个环节,必须保证人人执行到位,才能保证总体上的执行到位。

海尔产品过硬的质量一直是有口皆碑的,但有段时间,却有一些顾客反映:"为什么送到我家里的产品外表有损伤?"还有部分产品被客户退了回来。

尽管有"外伤"的产品是极少数,但这还是引起了海尔的高度重视,并专门派人到了发货现场,跟踪装车、运输的全过程。很快,原因就找到了:产品的"外伤"是由于包装箱凸凹不平引起的。于是,海尔立即对包装箱进行改造,很快将问题解决了。

尽管海尔的产品没有任何质量问题,而且有"外伤"的也只是极少数,但对于以高质量、高服务著称的海尔来说,任何一点不完美都可能影响顾客的信任,甚至影响企业的声誉,所以海尔并没有忽视这样的小细节,而是及时将问题解决了,以保证每一个环节都执行到位。

有一家食品公司打算举行一场"建厂十周年庆典及经销商联谊会"。在执行过程中,他们没有丝毫松懈,如会议主题的命名、会场的选择、会场的布置、客户名单的拟定与邀请、发言稿的撰写、会议的时间安排都指派专人把关,业务员的筛选、主席台上鲜花的摆放、摄影摄像人员的配合到赠送客户礼品的包装等都一一精确到位。正是因为把每件事都做得精细、做得到位,联谊会才获得了成功。

只要每一个环节都做到位,执行力就不存在问题。要避免因执行不到位而产生的问题,可以这么做:把自己所从事的工作的每一道工序或环节统统写出来,在执行的过程中,认真对照检查是不是每个环节都已经执行到位。需要注意的是,不要因为某个环节比较小就不重视。

执行不到位,往往是细节出了问题。只有将责任细化到每一个环节中,执行才能得到最到位的落实,从而获得最好的工作结果。

每个企业都想成为麦当劳、海尔这样的行业先锋,每个员工都希望自己是岗位上的明星,但是要达到这一目的,我们还需要不断地进步和学习。我们如何才能提高执行力,让责任的"铁索"更坚固呢?

(1)参与岗位培训,养成执行习惯

通过培训,提高自己的意识,让自己对公司制度有真正的理解和认知。对管理者来说,制度做出来或修订修改之后不能冷冰冰地直接进行发布,而是要通过培训沟通，让员工明白为什么流程要这么走、为什么有这样的处罚和奖励，让员工从心理上理解和接受制度的管理。

另外，我们自己也要养成执行制度的习惯。这就要提高我们的岗位技术水平，充分了解工作标准，管理者要监督和引导员工按流程程序去完成每一个工作步骤，一旦违章，需做出相应的处理，否则，违章者还会再次犯同样的错误。

（2）落实责任，完善制度

责任落实到人，依靠全员定期做好监督检查。一定要做好定期检查，把各部门工作考核和相关考核结合起来，从上至下，一环扣一环，依靠全体员工做好这一项工作。考核检查要形成一个常态。

制度需要在企业的发展过程中不断修订完善和提高。随着企业的发展壮大，建立之初制订的制度也许已经不适合目前的状态，这就需要根据实际情况做出修改和完善，使制度适应企业的发展状态，否则制度也就变成一种形式，无实际作用了。

4.

相互监督，保证责任链不断裂

如果我们把企业比喻成一台精密的仪器，那我们就是这台仪器内部的零件，岗位与岗位，员工与员工之间就像是紧密咬合的齿轮，如果某个齿轮坏掉了，也许会造成无法预料的后果。

说起蝴蝶效应大家一定知道，南半球某地的一只蝴蝶扇动一下翅膀所引起的微弱气流，几星期后可能会引发席卷北半球某地的一场龙卷风。在企业中也一样，如果某一个环节出了差错，就会使漏洞越来越大，因此，我们在岗位中一定要相互监督，保证责任链的坚固。

在企业中，任何事情都是相互联系的，每一个看起来独立的部分，其实都与上下、左右有着紧密的联系，它们之间环环相扣、相互依存、互为责任。每一个岗位的责任都与其他岗位息息相关，由此形成了企业源源不断的动力与效率，如果哪一环的责任或岗位出现了责任的混乱，或者缺少应有的监督，企业里的责任链就会像多米诺骨牌一样倒塌下去。

也许你觉得我在危言耸听，不如我们来看一下"环大西洋号"的故事，然后再下结论。

巴西有一家运输公司曾经有一艘引以为傲的海轮——环大西洋号，后来因为一次事故永远沉没在海底了。为了使公司员工永远铭记这一事故并且引以为戒，这家运输公司门前至今竖立着一块石碑，上面刻着这次令人悲痛而又发人深省的事故。

事故发生后，当公司派出的救援船到达出事地点时，"环大西洋号"已经不复存在了，21名船员也失踪了。海面上只有一个求救电台发射着微弱的求救讯号，谁也不知道这片看起来非常安静的海域到底发生了什么。

这时有人发现电台下面绑着一个密封的瓶子，打开瓶子，里面的一张纸条上有21种笔迹，上面这样写着："一水理查德：3月21日，我在奥克兰港私自买了一个台灯，想给妻子写信时照明用……"每个人都在这张纸上留下了信息，救援人员看完后，大概了解了整个事情的经过。

台灯被水手买回来后，并没有人制止这件事，同事找他时又把台灯随手打开。负责安全巡视的人又漏掉了这个正在肇事的房间。实际上，由于底座太轻，开着的台灯在船只的颠簸中掉到了地上，在地毯上燃起了第一个火苗。

我的岗位 我负责 我的工作 请放心

然后,火苗慢慢爬上桌腿、桌布、床单……房间过热,电路烧断,出现跳闸,电工却对这个重大的危险信号习以为常,问也不问就随手把电闸合上。因为房间里的消防探头被拆掉了,新的尚未安装,所以无法报警,火苗静悄悄地肆虐着。焦糊的气味传了出来,三管轮闻到了,就直接打电话给厨房,厨房觉得没问题,三管轮就没再追究不良气味从何而来。

下午几乎所有人员都离开岗位,去了厨房。晚上,医生放弃了日常的巡检,也就放弃了发现问题的一个机会。更令人惊讶的是,就连值班的电工也私自离岗!最后,当大火被发现时,着火的房间已经被烧穿,水手区的门被绑死了,怎么也进不去,消防栓锈蚀打不开,无法灭火,救生筏被牢牢绑住,无法逃生。而这些问题船长此前根本没有发现,因为他没有看甲板部和轮机部的安全检查报告。

于是,"环大西洋号"就这样沉没了!这是当事人对岗位责任没有尽职尽责,其他人也没有做好监督的结果。这个灾难难道就不能避免吗?事实上,完全可以避免。

我们可以假设:如果台灯没有被买回来;如果回船后使用台灯被人制止;如果服务生不随手扭开它的开关;如果安全巡视亲自走进房间看看;如果电工在发现跳闸时检查一下电路,仔细找到跳闸的根源;如果机匠上午发现无法报警后立刻安装新的消防探头;如果发现气味不对的三管轮马上自己走走看一看;如果厨房仔细检查一下;如果管事注意督促人们应该时刻坚守岗位……这场火灾就不会发生。

"环大西洋号"的事故令人唏嘘,给我们的前车之鉴又是什么?

(1)岗位中最重要的是责任心

岗位中最重要的东西就是责任、忠诚、协作、奉献。这些熟悉的名词绝不是空泛和无用的,它和真、善、美一样恒久和重要。这些经常被我们忽略的，却恰恰是最重要的。它永远是我们工作的内动力，这些品质的缺乏是我们走向成功的最严重障碍。

一份权威的调查显示，我们事业的成功只有15%取决于专业技能，而85%却来自于强烈的责任心。如果你拥有了上述四种品质，就会告别举步维艰的困境；如果你拥有了它们，你就拥有了最坚实的财富，不管将来你会遇到多少挑战，它们都是载你驶向理想之岸的最棒的舵手。

（2）不能事不关己就高高挂起，相互监督也很重要

"环大西洋号"的船员们犯了哪些错误呢？漠视纪律，违反规定；事不关己，高高挂起，错过把安全隐患消灭在萌芽之中的最佳机会。也许你已经感觉到，这些错误在你日常的工作中也会出现。

如果你发现同事的电脑没关，而这台电脑上又恰好有和公司机密相关的文件，这时你看到了，提醒同事关电脑，也许就挽回了公司的一笔损失；如果你捡到一份老板不小心遗失在茶水间的重要文件，并迅速交给老板，也许就让老板和客户的见面顺利进行，签下一笔大单。

我们总是听职场前辈们说："各人自扫门前雪，莫管他人瓦上霜。"但是你又怎么知道"他人瓦上霜"跟自己无关呢？我们都是企业里息息相关的齿轮，互相监督，让责任链变得更坚固，大家都能受益不是吗？那句广告词说得好：大家好，才是真的好。

第四章 担起责任,我就是企业的『顶梁柱』

优秀的员工,永远不是那些唯唯诺诺、消极怠工的人,而是那些敢于挑战一切不可能,并且积极主动与工作中遇到的阻力抗衡的人。假如你没有坚实的臂膀扛起肩上的责任,那你在职场上将永远是"花瓶"。在职场上,我们要落实每一份责任,行动起来,用业绩证明自己的价值——我就是企业的"顶梁柱"。

我的岗位 我负责 我的工作 请放心

1. 担负起责任，不做职场上的"花瓶"

福特汽车的创始人亨利·福特曾说："真正有意义的工作，从来都不是轻松容易的，你所承担的责任越重，你的工作也就越难做。现实中，有的人可能比其他人会承担更多的责任，面临更大的挑战，但一定要敢于承担起来，因为承担责任会让人变得更强。"

我们公司今年录用了一位应届毕业生，名字叫陈丹丹。她工作非常卖力，面对上司交代的任务和同事的求助，她都毫无怨言，并且越干越起劲，同事们都叫她"积极分子"。虽然她刚到公司不久，但通过自己的努力，特别是愿意为他人分担工作，敢于承担更多责任，所以在很短时间内就熟悉了多个不同岗位的职业技能，成为一个人见人爱的工作小帮手。

她刚刚进入公司的时候，只是一个小小的办公室文员。但是在工作中，她不仅非常认真地把自己分内的工作做好，还经常向其他需要帮忙的同事伸出援助之手。

有一次前台的小美有个很重要的电话要接，就跟丹丹说："丹丹，你有时间吗，帮我看一下前台可以吗，我现在有个很重要的电话要接一下。"丹丹说："没问题，你去忙吧。"

这时，刚好有个客户到公司来，丹丹轻车熟路地把客户带到会议室，然后为客户呈上一杯咖啡，说："您先休息一下，我们经理马上就来了。"

客户离开后,她又悉心地把客户用过的杯子收掉。

不只是这些,她还自告奋勇地帮助同事寻找电脑故障原因并排除故障;当库管员忙着将新购物品入库时,她看到入库物品较多,会主动帮库管员搬运物品……在别人看来,不是自己的工作,就不会去主动做。但丹丹不这么认为,她觉得自己力所能及的事情,只要别人需要,就应该伸出援助之手。

正因为丹丹如此积极,公司同事自然非常喜欢她。人力资源部也对她实行了破例转正,将试用期由原来的3个月缩短为1个月。不仅如此,公司还将丹丹列入了重点培训对象。因为,在公司看来,这样有责任心的员工,终将会成为公司的一笔财富。"积极分子"凭着自己的积极与努力,积极主动地承担责任,增强了自身的能力,为自己赢得了一片广阔的职业天空。

后来,在年终表彰大会上,丹丹说了这样一番话:"对于一个刚刚踏出校门背着行囊、怀揣着梦想走上社会的人来说,工作经验和工作历练几乎是一片空白,但我深知只要肯学实干,经过时间的考验和洗礼我们都会拥有。在工作中,我们不仅要做好分内的工作,更要善于多做一些分外的事情,敢于承担更多的责任,这是对自己的一种锻炼和积累。"

一个敢于承担责任的人,能够在工作过程中不断地锻炼自己的能力,让自己变得越来越强。相反,如果遇到一些困难就逃避责任,即使再出色的能力也不能得到展现,这样的员工只能当一辈子"花瓶"。

现在工作竞争的激烈程度超出我们的想象,想要从众多的竞争者中脱颖而出,真的不是那么容易的事情,首先就必须具备责任心,要想提高自己的责任心,以下三点需要注意。

(1) 你是在为自己工作而非他人

很多人认为工作是迫不得已的,是养家糊口的工具和手段而已,如果这样的思想在作祟,这名员工永远不能成为老板眼中优秀的有担当的好员工。在工作中很少有人能锻炼出自己的主人翁精神,把自己彻底地融入到公司的氛围当中，但是，只有把自己当做是公司的主人，一切工作按照主人翁应有的态度去处理，哪里会有做不好的工作？哪里会有解决不了的难题？

（2）明白我们工作的真正意义

很多人会说，为了生活。没错，我们每个人工作都是为了生活，要生活就需要工作，可是我们工作仅仅是为了满足这一张嘴吗？肯定不是。我们需要通过工作来证明自己的价值，证明自己是一个对社会有用的人，不求日后会被多少人记住，只求工作中认认真真，努力完成自己的任务，因为这是自己的使命。雁过留声，人过留名。我们更要看到工作满足基本生活之后的本质。

（3）弄清楚担当的三个对象

担当，简单理解就是责任感。在工作中，我们需要对三种人有担当：对上级，交代的任务要努力完成，因为信任，我们被分派了相应的工作；对同事，要守信，因为大家的努力才能更出色地完成工作；对下属，要关怀，我们更多的时候也要考虑一下下属的疾苦，公司得发展，但是下属的生活也要有保障，二者是相辅相成的，对下属的担当，同样是对公司的担当，二者之间不冲突，不矛盾。

有个成语叫做"能者多劳"，意思是有能力者做的工作就多，但是这个成语也从另外一个侧面反映出那些"无能者"什么都做不好，最后只会被企业淘汰。因此，我们想要成为企业的中流砥柱，就要先勇敢地担起自己的责任，拒绝做职场上的花瓶。

2. 落实责任的核心是解决问题

相信你在平时的工作中一定遇到过这样的问题：

"这个客户怎么这么难伺候啊，跟大爷似的。"

"研发部门那几个人是怎么回事，产品一次比一次差劲！"

"老板是疯了吗，布置这么高的任务指标，以为我们是神仙吗！"

于是，你陷入了一个抱怨的旋涡，甚至有了放弃的念头，想换个工作。

你以为你是压力太大，实际上这是不负责任的表现。俗话说，天上不会掉馅饼，老板雇佣你就是让你来解决问题的，这就是你的职责啊。假如你一遇到问题，第一反应就是："哎呀，这个问题太棘手了，我还是去问问老板吧。"可以说，你的职业生涯在你开口的那一刻，就到头了。因为你不具备责任心，落实责任的核心就是解决问题，既然你没办法解决问题，那老板要你何用？

一个优秀的员工，在遇到问题时，一定会想尽办法解决，而不是把问题推给老板。就算这个问题再棘手，也要尽自己所能解决，而不是第一时间逃避。

有一个电视采访，采访对象是"牛仔裤专家"邓建军。邓建军是江苏常州黑牡丹公司的高级技工，是新世纪全国首批七个"能工巧匠"之一，是全国职工职业道德建设"十佳标兵"，曾两次受到国家领导人的接见。

邓建军只是一个普普通通的技工，到底是为什么，他能获得这么多的荣誉呢？看完节目，就能明白，他在自己平凡的岗位上如何做出了令人刮目相看的成绩，把岗位责任落到实处。

黑牡丹公司董事长曹德法对记者说："可以说，没有邓建军同志带领的科研团队，就不会有我们企业的今天。"

邓建军刚刚参加工作的那几年，是中国纺织业逐渐告别传统"金梭银梭"的时代，国内纺织企业特别需要像邓建军这样的技术型人才。

黑牡丹公司有一批进口杆织机急需改造，邓建军积极报名接下了任务，但看过现场以后，他心里也没底了。

几十台机器的线路如乱麻般散在地上，图纸上一个中文字都没有。一块线路板有2000多个点需要一一测试、分析、测算，要想改造这些进口货，任务十分艰巨。

他一咬牙，从基本的翻译图纸开始做起，每天和机器在一起的时间比和家人在一起的时间还要多，经过一番创造性的努力，这些机器终于被他改造好了，为公司节省了大笔的成本。

在工作的十几年中，邓建军一直努力为公司创造效益，并把此当做自己义不容辞的责任。

2002年8月，世界流行的新产品"竹节牛仔布"在黑牡丹公司遇到生产瓶颈，假如不能按期交货，公司不仅会丢掉500万美元的订单外加付违约金，而且就连好不容易打下的市场都会消失。

邓建军急了，他带着科研小组连续奋战十几个日夜，自行设计安装了4台分经机，成本仅为进口设备的八分之一，保证了公司按时交货。客户满意之余，又续签了800余万美元的新订单。

一提起染浆联合机的4次改造，黑牡丹公司的董事长曹德法就念念不忘邓建军。他说："邓建军所带领的团队解决了连续生产不用停车这一难题，仅此一项就为企业创造经济效益3000多万元。"

企业在发展的过程中遇到阻碍是难免的，但是邓建军却把企业的责任当成是自己的责任，解决问题，落实责任。而有些员工看到企业出现问题，唯恐避之不及，更别说为企业的发展贡献力量了。松下幸之助说过："工作就是不断发现问题，分析问题，最终解决问题的一个过程——晋升之门将永远为那些随时解决问题的人敞开。"这句话道出了责任的本质——解决问题。

回到标题"落实责任的核心就是解决问题"，解决问题并不难，我们要凭借自身的能力、经验、智慧，凭借自身的干劲、韧劲、钻劲，去克服困难，把拦路虎扼杀在路上，不让它威胁到企业的发展。

其实，在工作的过程中，不论级别、不分工种，所有人都免不了会遇到许多问题，而解决这些问题、化解这些麻烦就是落实责任的一个外在表现，这也正是企业老板聘用员工的目的所在。所以，在自己的工作岗位上，一定要知道如何及时处理问题，如何正确地解决问题，切记不能把问题都上交，否则，负责只能是一句空话。

那么我们在工作中有哪些解决问题的小妙招呢？不妨看看以下建议：

（1）审视问题，正视问题

当你遇到麻烦时，首先审视你面对的问题，看它究竟是什么样的问题，然后针对不同问题想解决的对策。审视你的问题，就是了解问题，找到问题的根源，然后从根源上解决问题。

在遇到问题时，应勇于承担，正视你的问题，勇敢地面对，不要选择逃避。逃避并不能解决问题，反而会带来更大、更持久的伤害。

（2）淡定面对，勇往直前

大家在解决问题过程中一定有过发脾气的时候，但是着急和痛苦不能改变什么，问题只有你下力气解决时才会消失，所以不要回避问题，有问题就解决。更不要一味地抱怨，抱怨不是解决问题的办法，抱怨过后，你还是要面对问题。

解决完棘手的问题后，你应当继续前进，不要再受已解决问题的干扰，这样只会给你带来紧张和焦虑。向前看，向前走，不要让过去的问题成为你现在的绊脚石。

(3)总结经验，以防万一

在克服困难的过程中总结经验，当下一个类似的问题出现时，你就知道怎样解决问题了。从困难中学习，就会有新的感想，新的发现，这样可以不断补充自己的能力，使自己工作得更好。遇到困难，想办法化解难题也是一种学习，在困难中总结经验，远胜过怨恨困难。

另外，永远不要灰心丧气，不要因为一次或几次问题的出现，就开始怀疑自己的能力，开始"怀疑人生"。问题是每个人都不可避免的，不要让问题成为衡量你人生价值的标尺，问题在解决的过程中还可以使你的能力得到提升。所以，永远不要被问题吓到，问题可以给你带来更多的机会。

最后，要时刻做好准备，生活中会遇到各种各样的问题，解决问题有时是生活中最重要的一部分，接受问题，用积极的心态迎接问题，时刻准备解决问题，这样才会成功。

落实责任，就从解决问题开始，你准备好了吗？

3.

光说不练假把式，执行起来才是真

有个成语叫做"说到做到"，意思是说出去的话就一定要办到，不能做言语的巨人，行动的矮子。一个只能"说到"的员工，到哪里都不会受欢迎，但是一个能"做到"的员工，不管到哪里，都能打出一片天地。

我们有句俗话叫做"光说不练假把式"，这句话用来讽刺那些只知道动嘴，却做不到的人。有位作家曾戏言："美国人是说了再做，日本人是做了也不说,而很多中国人是说了也不做。"这句话相当犀利,但是也从侧面反映出一个现象,在很多企业里,都有这样的人,他们说的比唱的还好听,但一到执行的关键时刻,就掉链子。当领导找他们要结果时,他们总是顾左右而言他。

在任何组织中,不管是领导者,还是最基层的执行者,都必须认识到只有真正的行动才能获得成功,说得再好,如果不付诸行动,成功始终遥不可及。因此,在工作中应该杜绝一切空虚的口头谈论,全力以赴,尽职尽责地把自己的工作做好。

对于职场中的我们来说,"责任"并不是口中的概念,而是每个人必须尽到的义务。俗话说,责任不是用嘴承担的,就是这个道理。责任最终要以正当和正确的行为来实现。我们能否胜任自己的岗位,不是由自己说说而已,而是要看行动和结果。

有的员工在工作中夸夸其谈、能说会道,领导安排任何事他都能"响亮"地答应,可是就是没有工作业绩,因为他只说不做。一个企业即使有再好的发展规划和企业理念,若他的员工只会耍耍嘴皮子、说漂亮话,患"轻浮病",光做表面文章,这样的企业也不会有太大的前途。

孔子说:"君子讷于言而敏于行。"职场人要注重默默无闻的行动,用行动说话。

有一篇报道李新民的文章。李新民是谁呢?李新民是大庆石油管理局组钻探集团钻井二公司1205钻井队的队长,这支队伍曾经被铁人王进喜带过。李新民获得过大庆石油管理局劳动模范、杰出贡献职工和黑龙江省"五一劳动奖章"、中国石油天然气集团公司"十大杰出青年"、中央企业劳动模范、全国劳动模范等荣誉称号。

李新民刚进入钻井队的时候,就告诉自己:"这可是我一直仰望的'精神高地'啊!"李新民暗暗告诫自己:"要像铁人那样工作，像铁人那样做人，一定不能给这个英雄的集体丢脸！"

李新民说："铁人老队长说过'喊破嗓子，不如干出样子'。我应该在工作中以实际行动践行铁人精神，时时处处身体力行，当好表率，用铁人精神带队伍。"

他不仅说到了，还做到了。

2004年2月，在1205队钻井进尺向200万米大关突破的关键时刻，井架立管油壬突然刺漏。井架立管油壬就像人的动脉血管一样，一旦受到损伤，钻井液就不能正常循环。这时井已经打到1000米的下部油层，如果不及时修复，不仅迅速突破200万米进尺大关的计划泡汤，还将造成卡钻的严重事故。

李新民带领几名技术骨干立即成立抢修小组，迅速查出刺漏原因，马上组织排除故障。可是在油壬旋紧的过程中他们再次遇到了困难，而不旋紧油壬，钻井就无法工作。时间一分一秒地过去，这时，只见李新民系上安全带爬上井壬，双腿盘住钢槽，一只手抓住保险绳，另一只手抡起十几斤重的大锤奋力砸紧油壬。戴手套用不上力，他就摔掉手套，在凛冽刺骨的寒风中一下一下地砸着。

二十多分钟过去了，油壬终于砸紧了，钻机开钻了，可李新民的双手已经冻得麻木了。工人们劝他休息一下，可他二话没说，又投入到紧张的钻井生产之中。

工作中的实干精神是优秀员工的必备素质。要知道企业需要的不是嘴上说得漂亮的人，而是踏实肯干的人，嘴上说千遍，永远比不上一次实际行动。

有这样一个寓言故事，在偏远的山区有两个农民，一个家里很贫穷，另一个家里非常富有。

有一天，穷农民对富农民说："我想去海南，你觉得怎么样呢？"

富农民说："你打算怎么去呢？"

穷农民说："一个水瓶、一个饭钵就足够了。"

富农民说："我多年来就想租条船沿着长江而下，现在还没有做到呢，你就更不可能了！"

第二年，穷农民从海南归来，把自己的经历告诉了富农民，富农民深感惭愧。

穷农民与富农民的故事说明一个简单的道理——说一尺不如行一寸。只想不做哪来的成果，光说不做哪来的收获，只有立即把想法付诸行动才是取得成功的基础。

这种成功的前提，就是责任。对自己负责，对企业负责，对岗位负责，对工作负责的精神。落实是责任的灵魂。这是一种态度，一种智慧，也是一种取之不竭，用之不尽的力量。个人落实力的强弱取决于两个要素，即个人能力和工作态度。能力是基础，态度是关键。所以，我们要想提升落实力，一方面是要通过加强学习和实践锻炼来增强自身素质，而更重要的则是要端正工作态度，增强责任心。有高度的责任心才能得到有效的落实力，只有我们每个人具备了高度的责任心，才能使个人和整体的落实力得到提升。这才是提高企业落实力的关键！

一位著名的企业家说："当我们的公司遭遇到前所未有的危机时，我突然不知道什么叫害怕了，我知道必须依靠我的智慧和勇气去战胜它，因为在我的身后还有那么多人，如果我胆怯，他们会从此倒下。我不能让他们倒下，这是我的责任。当我走出困境时，我明白了一个道理，唯有责任，才能让你超越懦弱，坚强起来。"

落实力是靠高度的责任心干出来的，是靠开拓创新闯出来的，是靠脚踏实地的工作拼出来的。只要我们责任心强，无论组织安排到哪个岗位，工作也能认真负责，细小事情也能干出一番成绩来。调整好心态，扎实有效履行好自己的职责，只有每个人都把自己当成公司的一个窗口，主动去落实责任，充分发挥"第一责任人"的意识，才能实现个人利益与公司利益的"共赢"，才能在日益激烈的市场搏杀中立于不败之地。小阮的经历或许对我们每个人都有些启示。

  一天，某公司接待处工作人员小阮接到一个外地客户的电话。经过查询公司资料，她发现今天并没有这样一位客户要来公司的预约记录，小阮便询问对方接到了哪个部门发出的邀请函。客户答道："好像是营销部。"小阮听后又进行查找，确实是有这件事，但是客户名字并不相符。

  小阮把情况告知客户，又打电话给营销部，重新核对了客户名字。原来是营销部的人写错了客户的姓名。核实清楚后，小阮马上联系工作人员去火车站接客户。她同时告知客户，接站员会做个接客牌，并将客人名字打到上面。客户表示清楚了。挂机后，小阮又联系车队，告之其车次及抵达时间，并交代用车事宜。然后，小阮通知服务中心打印一张接车牌，交给车队司机，并一再叮嘱，由于车队司机与客人的语言障碍，有关费用问题，一定要等到客人到店由接待员负责向客人解释收取。

  一切安排妥当后，小阮方才下班，这时已经是晚上8点。临走时，小阮将联系电话交给中班接班人，把一切都交代得很清楚。

  次日上班，小阮便联系到客户，询问他："一切可否顺利？"客户笑着说："一切都很顺利，太谢谢你了！"

  在很多企业中，让老板头疼的就是员工不把责任摆在第一位，对布置的工作不积极努力地去做，按质按量地去完成，而只是做一些表面文章。这些员工总是轻视日常事务，基础工作不踏实、不完善，审核前实行突击战略，只做表面文章，应付了事。这种工作作风下的实际效果可想而知。

担起责任，我就是企业的"顶梁柱"

经常有人会思考，成功者与失败者之间差别究竟在哪里？

其实，人与人之间在智力和体力上的差别并不如想象中的那么大。很多事情、很多目标、很多前景，大多数人都能说出来，但是，能不能做到，做的结果如何，却是千差万别。

无论企业还是个人，光能说出好的战略愿景是远远不够的，只有把工作落实在行动上，才能得到想要的结果。

2004年在北京举办的"杰克·韦尔奇与中国企业高峰论坛"上，曾有中国企业家这样问杰克·韦尔奇："我们大家知道的都差不多，但为什么我们与你们的差别那么大？"

杰克·韦尔奇的回答是："你们说出来了，但我们做到了。"

这个答案简单得出人意料，但是却道出了差距的真谛："说"到不如"做"到！否则，再好的计划，再宏伟的目标，都是空谈。

说到位与做到位，虽然只是一字之差，可其效果却截然不同。

当今社会是注重实践的社会，别人看你是否具备一定的工作能力时，不是看你"如何说"，而是看你"怎么做"。"说到"是指看表面、重计划、善表态，而"做到"才是重行动、重结果，是不折不扣的主动执行。

"说到"且"做到"是优秀员工必不可少的素质。在实现工作中，我们不光要能说到，更要做到，因为做到、做好是体现一名员工执行能力的关键。既然如此，我们应该如何说到做到，提高自己的执行力呢？

（1）要提高执行力，就必须树立起强烈的责任意识和进取精神

坚决克服不思进取、得过且过的心态。把工作标准调整到最高，精神状态调整到最佳，自我要求调整到最严，认认真真、尽心尽力、不折不扣地履行自己的职责。决不消极应付、敷衍塞责、推卸责任。养成认真负责、追求卓越的良好习惯。二要着眼于"实"，脚踏实地，树立实干作风。踏实勤奋是成功的必要条件，不要幻想平步青云。天下大事必作于细，古今事业必成于实。

（2）要提高执行力，就必须发扬严谨务实、勤勉刻苦的精神

从现在起，克服夸夸其谈、纸上谈兵的毛病，无论在企业管理还是在个人生活中都要如此。真正静下心来，从小事做起，从点滴做起。一件一件抓落实，一项一项抓成效，干一件成一件，积小胜为大胜，养成脚踏实地、埋头苦干的良好习惯。

（3）要提高执行力，就必须强化时间观念和效率意识

弘扬"立即行动、马上就办"的工作理念。无论做什么事，不要经常"等一会儿""以后再说吧"，这样将一事无成。坚决克服工作懒散、办事拖拉的恶习。每项工作都要立足一个"早"字，落实一个"快"字，抓紧时机、加快节奏、提高效率。做任何事都要有效地进行时间管理，时刻把握工作进度，做到争分夺秒，赶前不赶后，养成雷厉风行、干净利落的良好习惯。

行动胜于空想，这样的道理谁都懂，唯一的阻碍是你能否下定决心，拿出实际行动去执行。

4.
落实责任，用业绩证明自己的价值

我们处在一个竞争非常激烈的时代，所有的企业都是以业绩为目标，可以说，业绩是检验员工价值的唯一标准。假如你想证明自己，就认真落实好自己的责任，提高自己的业绩吧。

业绩是能力的最好证明，老板从你所做的事情能产生多大的业绩、能创造多大的价值出发来决定给你薪水的多少。一个员工拥有再好的想法，

第四章
担起责任,我就是企业的"顶梁柱"

再远大的志向,如果不能落实在业绩上,那么这个员工对于企业来说就是没有价值的。

关于落实责任,提高业绩,我们来看看陈辉是怎么做的吧。

陈辉是一家电子公司的销售人员,他刚到公司不久,老板就把销售部所有人集中到一起开会。老板说:"最近我们公司的效益很不好,照这么下去,我们都要喝西北风。今天开这个会就是让大家畅所欲言,看看有什么高见能扭转乾坤。"

销售部胡总监说:"别的品牌的天线三天两头在电视上打广告,我们公司的产品一点知名度都没有,我看着积压的那么多的天线销售起来也真够呛呀!"胡总监说完,其他同事也随声附和着。

老板脸色很不好看,他扫视了大家一圈,最后把目光落在新来的陈辉身上:"你说说,你有什么看法?"

陈辉说:"我虽然是新来的,但对公司的情况我也有一点了解。我的家乡有十几家各类天线生产企业,只有龙湖天线在全国知名度最高、品牌最响,其余的都是几十人或上百人的小规模的天线生产企业,但是这些小企业并没有因为大品牌的挤压而倒闭,就是因为它们的产品有其独到之处。"

老板静静地听着,挥手示意陈辉继续说下去。陈辉稍一停顿接着说:"我们公司的老牌天线今不如昔,原因很多,但归纳起来就是我们的销售定位和市场策略不对。"

陈辉这些似乎暗示销售部工作无能的话一出口,胡总监就不高兴了:"公司在山西那边还有3000套库存,你有本事推销出去,我的位置让你坐。"

陈辉不慌不忙地回应:"现在全国都在搞西部开发,我就不信质优价廉的产品连那些小无线厂的也不如，偌大的山西难道连区区3000套天线也推销不出去？"

几天后，陈辉风尘仆仆地赶到山西大同几个代理销售商场，一位商场老总一见面就向他大倒苦水，说他们厂的天线知名度太低，一年多来仅仅卖掉了100来套，还有1000多套在各家分店积压着，并建议他去其他商场推销看看。

接下来，陈辉跑遍了大同另外几个规模较大的商场，几天下来却毫无起色。

正当陈辉沮丧之际，《大同晚报》上的一则读者来信引起了他的注意，信上说那儿的一个村落由于雷击，天线全部坏掉，家里的彩电成了"盲人的眼睛，聋子的耳朵"。看到这则消息，他如获至宝，当即带上十来套样品天线，几经周折才打听到那个离大同一百多公里的小村庄。

陈辉拆了几套被雷击的天线，发现自己厂生产的天线与人家的产品相比，并没有什么不同。为了能把自己的产品卖出去，陈辉绞尽脑汁，把以前所学的知识在脑海里重温了好几遍，加上所携带的仪器配合，天线遭雷击的原因终于真相大白，原来是天线放大器的集成电路板上少装了一个电感应元件。

这种元件在一般的天线上不需要，它本身对信号放大不起任何作用，所以厂家在设计时也根本就不会考虑。可在雷电多发区，没有安装这个元件的天线，就等于安装了一个引雷装置，它可将雷电直接引向电视机，甚至导致机毁人亡。天线装上这个电感应元件，就会平安无事。

找到问题的症结，一切都变得迎刃而解。随后，陈辉对从商厦带回的天线都进行了改造，并将改好的天线先送给村长试用半个月。试用期间雷雨交加，狂风不断，但村长家的电视机不但安然无恙，而且图像清晰稳定。

村长看上了没有危险的电视，村里其他居民都非常羡慕。此后不久，这个村一下就订购了800多套。同时，热心的村长还把陈辉改装好的天线推荐给存在同样问题的附近的五个村子，又给他们销出去2000多套。随后，村长又在《大同晚报》"回音壁"栏目投了表扬稿，说陈辉所在公司给他们送去了一份最好的厚礼。

"一石激起千层浪"，短短半个月，大同一些商场的老总便主动向陈辉要货了，甚至连一些偏远县市的商场采购员也来向他订货。因此，原先库存的3000余套天线经过改装后立马销售一空，陈辉只好再向厂里火速求援3000套产品。

一个月后，陈辉筋疲力尽地返回公司，而这时公司如同迎接凯旋的英雄一样，为他披红挂彩。营销部经理也已经主动辞职，公司正式下令任命陈辉为新的销售部经理。

企业需要出业绩，企业的生存和发展要靠业绩来支撑；同样，员工也要出业绩，员工的生存和发展也要靠业绩来保证。而这一切的实现都源自责任的落实。

市场经济时代就是一个以业绩论英雄的时代。比尔·盖茨曾说："能为企业赚钱的人才是企业最需要的人。"在企业里，拥有一张文凭不一定能够赢得领导的赏识，除非用杰出的工作业绩来证明你自己的实力。在企业领导看来，业绩是一个员工实力的最好证明，一个员工的价值就是为企业创造价值。

想要好业绩并不难，"提高业绩五步走"，助你做出好业绩。

（1）充分的准备

充分的准备包括四个方面的准备，首先是体力的准备。要想让自己体力好，就必须做一些体力上的训练。第二是专业知识的准备。你必须对你的产品有足够的了解。第三是对顾客基本情况的准备。你必须非常了解你的顾客，了解他的兴趣、爱好，这样便于沟通，便于投其所好。第四是精神上的准备。在处理重要的事情之前，先静坐5分钟。

（2）使自己的情绪达到巅峰状态

要想使自己达到巅峰状态，必须先让自己的肢体达到巅峰状态，因为动作创造情绪。同时对自己反复地做自我确认：我是最棒的！我是最优秀的！我是最好的！我喜欢我自己！我一定能成功！

（3）建立顾客信赖感

建立顾客的信赖感，首先是通过自己的形象！也就是——为成功而穿着！为什么这么说呢？因为一个人的第一印象非常重要！一旦他第一印象建立好了，那就成功了一半了。而第一印象就是通过你的形象表现的，所以一定要注重自己的穿着、举止、气质。第二要学会倾听。站着或坐在顾客的左边，保持适度的距离，保持适度的目光接触，倾听不要打岔，不要发出声音，同时微笑点头即可。还要做好记录。顾客讲完后，要重复一次做确认。不要想即将说的话，要听出他真正的意思，用关心的角度跟他沟通。第三，模仿对方的谈话。模仿对方的文字、声音和肢体语言，与对方相似，引起共鸣。在模仿肢体语言的时候，要模仿对方的表情和语气，注意千万不要同步模仿。第四，利用好用顾客见证。顾客说一句话顶你一万句，尽量让顾客见证。

（4）了解顾客的问题、需求和渴望

了解顾客先从聊天开始，聊天就是做生意。首先前 20 分钟要聊 FORM，F 代表家庭；O 代表事业；R 代表休闲；M 代表财务。其次聊购买的价值观。所有的销售都是价值观的销售，彻底了解顾客的价值观。第三就是问问题。问 NEADS，N 代表现在；E 代表满足；A 代表更改；D 代表决策；S 代表解决方案。

（5）提出解决方案并塑造产品的价值

针对顾客的问题、需求和渴望，提出解决方案，同时塑造自己产品的价值，塑造产品价值的方法：首先给他痛苦，然后再扩大伤口，最后再给解药。

一个人还未改变，是因为挫折不够。一个人还未获得财富，是因为欲望不够，一个人还未成功，是因为责任不够。

5. 我的岗位我负责，守好岗位你放心

在一个企业的内部，每个人都有自己的岗位，每个人都在不同的岗位上努力做着自己的工作，而不应该因为领导不在或者没有人监督，就放松了对自己岗位职责的要求。守好岗位是一个员工价值和责任感的最佳体现，对自己的岗位负责了，才能让大家放心，让领导放心。

做好本职工作是一个老生常谈的话题，因为，不管你的职位是显要还是平凡，做好本职工作是最基本的要求。一个企业、一个团队、一个组织要获得成功，最基本的立足点就是：每个人都要把本职工作做好、做到位。

作为一名员工，首先要对自己的岗位负责，守好自己的岗位。因为对任何一名员工来说，守好岗位就是自己的本职工作，是一个人最基本的职业道德要求。

然而，现实中偏偏有许多人连这个最起码的标准也达不到。

小韩是一家酒店的前台。这一天她值班，顾客很少，她就坐在前台接听一个朋友的电话，两个人聊得十分火热。

这时，有一位先生来办入住手续。这位先生对小韩说："你好，我有预定，请帮我办一下入住手续。"他以为小韩会马上把电话挂掉，开始工作，只见小韩慢慢地抬起头看了一眼，又低下

我的岗位 我负责 我的工作 请放心

头继续讲电话了，好像根本没看到他，一副旁若无人的样子，一会儿对着手机嘻嘻哈哈，一会儿凝神静气地仔细聆听。

这位先生又说："麻烦你帮我办一下入住手续。"小韩不耐烦地给了这位先生一张表格。这位先生有点生气了，提高音量，并且轻轻地敲了几下柜台："小姐，麻烦你等下再讲电话可以吗，请告诉我这个表格要怎么填。"

小韩对这位先生嚷嚷道："敲什么敲，不就是接了一个电话吗？谁没有一点私事啊，把玻璃敲坏了要你赔。"嚷完这几句话，又继续煲她的电话粥去了，丢下目瞪口呆的客人在那里。

这位先生十分愤怒，马上拨打了酒店的投诉电话，把这件事反映给了酒店老板，老板马上就把小韩解雇了。

上班时间煲电话粥，把顾客晾在一边，这种做不好本职工作，守不好自己岗位的员工，连饭碗都很难保得住，还谈什么获得更好的待遇和发展呢？

守好岗位是每个人必须要做、要完成的基本工作和任务。无数的事例已经告诉我们，只有那些拥有高度责任心的人，才能真正担起自己的岗位职责，才能把工作做得让人放心。

一个不能够立足于自己本职岗位，不能把自己本职工作干好的员工肯定不是一个优秀的员工。对工作负责就是要从自己做起，无论处于什么位置、所做的是什么工作，要想成为优秀的员工，唯一的秘诀就是要对自己负责，对岗位负责，并且做到最好。一切都在于自己，在于怎样面对自己的工作，怎样去做自己的工作。那么，我们应该怎么守好岗位，落实责任，让老板放心呢？

（1）把责任落实到位，要有一颗责任心

责任心是一种积极的工作态度，是做好工作的前提。心里有责任，才会去履行职责，去承担责任。比尔·盖茨说过："人可以不伟大，但不可以没有责任心。"如果只追求利益，怕承担责任，或推卸责任，不管干什么工作，那都是非常危险的，轻者给单位带来麻烦，重者将造成财产损失，威胁生命安全。

对待工作，必须时时提醒自己，我的责任是什么？我的责任心应该在哪里？只有这样，才能认真地去思考工作，也才能负责任地去做好工作。

（2）把责任落实到位，要在工作中尽职

尽职，是负责任的表现，是责任落实的基础。我们的每一项工作，都是所在单位事业的组成部分，而尽职是实现目标的落脚点。

但在现实中，很多人往往意识不到这一点，他们虽然也是在做工作，但对待工作的态度不够端正，总想走捷径，弄虚作假，搞上有政策下有对策。这样的工作态度实在谈不上尽职。要知道，认真做事只能把事情做对，只有用心做事才能把事情做好！缺乏踏实的工作作风，只能与落实责任相距甚远，何谈把责任落实到位？

（3）把责任落实到位，要勇于承担责任

在一个单位集体，有时决策失误或者其他原因造成工作失误也是在所难免，而一旦出现决策失误影响到工作进程或导致失败，就需要有人来承担工作中的责任。在这种情况下，是承担责任还是逃避责任，这两种态度对能否把责任落实到位至关重要。

有人喜欢在成绩面前表功，但一旦遇到问题，往往就会选择回避、推脱，讲理由，找借口，而不是主动分析原因，纠正过失，谋划下一步工作。更甚者把自己的失误强加在别人的头上，自己的责任让别人来承担。一个优秀的企业怎么会容忍这样一位毫无责任心的员工存在呢！而勇于承担自己的责任，是加强组织团结，促进工作顺利开展的保证，也是一个人成就事业的品质之一。

第五章 细化责任，不让岗位责任有一丝一毫的漏洞

很多人轻视小事，认为小事不值得做，因此为自己的工作留下了隐患。有位智者说："不关注小事或者不做小事的人，很难相信他会做出什么大事。做大事的成就感和自信心是由做小事的成就感积累起来的。"事实上，在工作中，没有任何一件事情，小到可以被抛弃；没有任何一个细节，细到应该被忽略。

1.

责任无大小，岗位无小错

一个人若想成就一番大事业，必须从简单的事情做起，从细微之处入手，认真做好每一件小事是成功的关键。小事很容易被忽视，但也是造成失败的最大祸根。如果一个人做小事都敷衍了事，岂能做成大事？一个人如果缺乏责任心，即使能力再强，也必然遭受失败。我们来看一个实例：

刘杨毕业于一所名牌大学，通过面试以优异的成绩进入一家外企。他胸中豪情万丈，一心想大展宏图。不料上班后才发现，每日无非是做些琐碎的事情，既不需太多的智能，也看不出什么职业前景，于是他的心便渐渐冷了下来。

一次公司开会，部门同事彻夜准备文件，分配给他的工作是装订和封套。组长再三叮嘱："一定要做好准备工作，别到时弄得措手不及。"

他听了心里很不是滋味，心想："初中生也会的事，还值得你一再啰嗦？"于是根本没理会组长的话。同事们忙忙碌碌，他也懒得帮忙，只在旁边看报纸。文件终于交到他手里。他开始一件件装订，没想到只订了十几份，订书钉就用完了。

他不以为然地打开装订书钉的柜子，当时就蒙了，因为柜子里面是空的。他马上求助所有同事帮他找订书针。不知道为什么，平时满眼皆是的小东西，现在竟连一根都找不到。那时已经夜里11点了，文件必须在第二天早上9点会议开始之前发到同事们手中。

组长非常生气,对刘杨吼道:"不是叫你做好准备吗?你不是挺能干吗!连这点小事都做不好,你也好意叫大学生!"刘杨低头无言以对,脸上却像挨了一巴掌。几经周折,他在凌晨4点找到一家通宵服务的商务中心,终于在开会之前完成了文件的装订工作,将文件分发到同事们手中。没人知道,他彻夜未眠。事后,他灰头土脸地等着训斥,没想到平时严厉的不近人情的组长,却只说了一句话:"记住,工作无论大小都要认真负责。"

后来他说,那是他一生受用不尽的一句话,让他深刻领悟到:一定要注重小事,责任无大小,岗位无小错。

在通往成功的道路上,真正的障碍,有时只是一点点疏忽与轻视。好比那一盒小小的订书钉。关注细节是每个员工的责任,每个员工都应在自己的职责内认真对待工作中的每一件小事。

有一个小公司,行政人事部只有3个人,但是每一个员工都一直要求自己认真做好每一件小事,并在工作中都表现出很强的团队精神。

世博会的时候,为开阔员工视野,给大家提供一个学习和分享世界优秀文明成果的良好机会,公司决定,组织员工集体参观世博会。行政部主管在行政部会议上传达了公司这一决定,并将这项工作的具体责任落实在了黄维和郑晓敏身上。

作为这次活动的组织者,黄维和郑晓敏提前两个星期就开始筹划和准备。他们为了在众多路线中选择一条出游的最佳路线,就事先去轨道交通和公交车站踩点,下车后徒步走到世博园区最近的入口,仔细记录下进入园区的路线。为了在短短的一天游览

我的岗位 我负责 我的工作请放心

时间内,让同事们能有最大收获,他们通过互联网搜索查询本届世博会的精彩看点,还在园区入口处耐心听取工作人员的建议,最后向公司推荐了一条堪称经典的游园指引图。由于游园时间正值炎热的夏天,为了防止员工中暑,他们提前采购了防暑降温的用品。

实际游园时间只有一天,但一系列的筹备工作却是细小、琐碎而且耗时的。但他俩没有任何怨言,目的就是为了使公司的所有员工能够开开心心地享受一次精彩世博。黄维和郑晓敏虽然做的都是小事,但就是在完成一件件小事的过程中,他们却享受着一种快乐。

黄维和郑晓敏并没有认为事小而忽视责任,而是非常认真地做好了参观世博会的每件小事,这种认真负责的精神值得每一名员工学习。

所有的成功者,与我们一样都做着简单的小事,唯一的区别就是,他们从不认为他们所做的事是简单的小事。他们将重复的、简单的日常工作做精细、做到位,努力去做好每一件小事,并恒久地坚持下去,终可获得更大的成功。

伟大来自平凡。工作中,我们一定要认真做好每件小事。那么我们要如何在岗位上把握好细节呢?

(1)要端正自己的心态,态度决定一切

当一个人遇到自己心仪的人时,就不由得紧张起来了,为什么如此,是因为在乎对方对自己的看法,生怕某个细节能破坏自己在对方眼中的形象,于是就会关注自己的细节。比如胡茬是不是刮干净了,妆是不是化精致了等,生活如此,工作也如此,必须要有一种在乎的心态。工作中我们说有敬业之心,才能有把握细节的自觉性。

（2）必须有钻研的精神，有探索的意识

不要认为那些钻"牛角尖"的人是小题大做，他们并不是小题大做，而是为了改进工作而作的思考与探索。不要认为那些钻"牛角尖"的人麻烦，如果不是他们，可能我们的工作还会遇到更多更大的麻烦。比如修汽车的不知道发动机的基本原理，不知道自己修理的发动机是柴油机还是汽油机，二冲程还是四冲程，单缸还是双缸，那能修理好吗？

（3）必须有科学的方法

有些人很敬业，也很有刻苦钻研的精神，但还是好心办了坏事，关注错了方向。有一家电器公司新推出了一款冰箱，冰箱外形相当漂亮而且具有低噪音的功能，一度备受消费者喜爱。但后来却被大量用户投诉不够耐用，最后公司被迫全部召回这批产品，带来了巨大的经济和声誉损失。因此关注细节必须全面，必须科学地权衡一切利弊因素，把握住工作的主要细节，才能做到最好，为企业创造更大的效益。

2.

带着放大镜去工作，"找茬"也是工作

提起香港首富李嘉诚，大家总是十分羡慕，李嘉诚曾说："成功的秘诀不在于大的战略决策，而在于做好细致工作的韧劲。"

任何工作都不是小事，因为工作中那些不起眼的疏忽和失误，都将造成产品的安全问题。产品是企业的名片，质量是企业的生命线。只要在工

作中出了一点小疏忽，轻则令企业形象受损，重则给企业带来重大损失。

因此，我们要随身携带责任的"放大镜"，将工作中的每一件小事情都作为大问题看待，将细节做到完美，保证结果的万无一失。

浙江某公司用于出口的冻虾仁，被欧洲一些商家退了货，并被要求赔偿。原因是欧洲当地的检验部门，从1000吨出口的冻虾中查出了0.2克的氯霉素，即氯霉素的含量占被检货品总量的五十亿分之一。该公司经过自查，发现问题出在了加工这一环节上。原来，剥虾仁要靠手工，一些员工因为手痒难耐，就用含氯霉素的消毒水止痒，结果就将氯霉素带入了冻虾仁。

这起事件因此引起不少业内人士的关注：一则认为这是一道质量壁垒，五十亿分之一的含量已经细微到极致了，也不一定会影响到人体的健康，只是欧洲国家对食品的质量要求太苛刻了；二则认为是素质壁垒，主要是国内农业企业员工的素质不高造成的；三则认为这是技术壁垒，当地冻虾仁的加工企业和政府的有关质检部门，安全检测的技术大大落后于国际市场对食品质量的要求，根本测不出这么细微的有害物。

然而，无论人们如何评判这次事件，我们都可以从中吸取这样一条经验教训：只要是错误，无论多么细小，都可能造成巨大的损失。

客户是企业的上帝，是企业的生命之源。任何一个小疏忽都会导致客户的不满，甚至产生十分严重的后果。因此，在优秀的员工看来，客户的每件小事都是大事。成功的企业都有一种注重细节的企业文化，他们的员工都能够认真负责地做好工作中的每一件小事。

有一天，美国通用汽车公司客户服务部收到一封信。"这是我为同一件事第二次写信，我不会怪你们没有回信给我，因为我也觉得这样会让别人认为我疯了，但这的确是一个事实。我家有个习惯，就是每天晚餐后，都会以冰激凌当饭后甜点。由于冰激凌的口味很多，所以我们家每天都在饭后投票决定要吃哪一种口味,然后由我开车去买。但自从我买了贵公司的庞帝杜克后,问题就发生了:每当我买香草口味时,我从店里出来车子就发动不了,但如果买其他口味,发动就会很顺利。"

"我对这件事是非常认真的,尽管这听起来很荒唐。可是为什么当我买了香草味冰激凌时,它就罢工,而买其他口味的冰激凌时,它都毫无问题。这是为什么呢?"

事实上,客服部的总经理对这封信的内容还真的心存怀疑,但他还是派了一位工程师去查看究竟。工程师很惊讶地发现这封信是出自一位事业成功、处世乐观且受过高等教育的人。工程师安排与这位顾客的见面时间,也刚好是在用完晚餐的时间,那个晚上的投票结果是香草口味,于是两人一起上车,往冰激凌店开去。当买好香草冰激凌回到车上后,车子果然出问题了。这位工程师之后又依约来了三个晚上。

第一晚,巧克力冰激凌,车子没事。第二晚,草莓冰激凌,车子也没事。第三晚,香草冰激凌,车子出问题了。

这位工程师虽然还是有点纳闷,但他还是不相信这位顾客的车子对香草味的冰激凌过敏,因此,他仍然不放弃继续进行跟随调查,希望能够将这个问题解决。工程师开始记下几天来所发生的种种详细情况,如时间、车子所使用的汽油的种类、车子开出及开回的时间……根据记录,他有了一个结论,这位顾客买香草冰激凌所花的时间,比其他口味的要少。原因就在于香草冰激凌是所有口味中最畅销的。店家为了让顾客每次都能很快地拿取,就将香草口味的冰激凌,特别放置在店面的前端,其他口味则放置在后端。

现在,工程师很清楚地知道了绝不是香草冰激凌的原因。但他的疑问是:这部车子为什么会因为从熄火到重新激活的时间较短而出毛病?工程师很快就想到了,问题应该在"蒸汽锁"上。

当这位顾客买其他口味的冰激凌时,由于时间较长,引擎有

我的岗位 我负责 我的工作 请放心

足够的时间散热,重新发动时就没有太大的问题。但是在买香草口味的冰激凌时,由于花的时间较短,引擎太热,以至于无法让"蒸汽锁"充分地散热。问题终于被解决了。

对于很多人来说,接到这么一封天方夜谭式的投诉信,肯定认为是一件不可思议的事件,甚至觉得是有人在存心捣乱。但通用汽车公司并不这么看,他们派出了工程师,并一而再、再而三地寻找问题的根源,直至问题解决,让顾客满意。在他们看来,工作中的事情再小,经过责任的"放大镜"一放大,也就成了一件大事。

企业若都像通用汽车公司的员工那么优秀,保持这种细致入微、服务周到的精神,肯定前景大好。将这种精神转化到细微处,便是要求每个员工对企业高度负责,重视客户提出的每一个问题,为客户提供高质量的服务,直至对方满意。因此,当你与客户打交道时,不妨随身带上责任这把"放大镜"。

在产品和服务越来越同质化的今天,细节的完美是企业竞争的制胜一招。有一家公司的墙上贴着这样一句格言:"苛求细节的完美。"如果每个人都能恪守这一格言,我们的自身素质无疑会有大幅度的提高,企业的发展也会完全不同。

在小天鹅公司,每一位员工都把产品质量时刻挂在心头。销售人员曾在上海火车站向南来北往的旅客做民意测验,请他们将洗衣机的价格、服务、质量、款式排个座次,结果绝大多数人把质量排在第一位。一位中年人说:"买洗衣机吗,图的是个方便省力,如果三天两头出毛病,一旦公司的售后服务跟不上,岂不是花钱找罪受?"

小天鹅的质量标准非常高:达到部标、国标只是起码的要求,小天鹅的目标是国际标准、用户标准。国家对洗衣机的

第五章
细化责任，不让岗位责任有一丝一毫的漏洞

质量标准是40000次运行无故障，而国际标准是50000次。为此，工厂组织了近百名科技人员，花了两年时间进行全厂性的技术攻关，经过国家检测中心严格测试，终于实现了无故障运行50000次。

把国际标准的数据拿来，按图纸分毫不差地生产行不行？小天鹅的人回答是：不行。因为中国的消费环境是：电压不稳，运输机械化程度不高等。因此，小天鹅的箱体、排水系统和某些零部件，技术标准均比国外高，这就是用户标准在起作用。

高质量的产品是生产出来的，不是检验出来的，小天鹅的每条流水线都有工序流转卡，每道工序完成后，由操作人员盖章，出了质量问题，三年之内都能查出责任人是谁。因此，操作人员的责任心大大增强，一次装配合格率从88%提高到了99%，并且一直稳定在这个水平上。

1995年的一天，总装车间下班铃响后，清洁工在清理装配场时发现有两颗螺丝，马上想到可能是漏装了，便立即作了报告。车间领导经分析认定是漏装，立即决定将下午装配的600多台机器连夜翻仓，一直到晚上9点多钟拆到第三箱时，才找到了漏装的洗衣机，补装上了那两颗螺丝。大家说，这台机子找不出来，今晚睡觉也不安心。

有这样负责任的员工，企业何愁不兴旺？

只有认真做好每一件小事，并将每一件小事都看成大事来处理，我们才能够使自己的工作不断地得到改进，并最终达到一个新的高度。每一个团队为了完成任务，都会要求自己的员工认真对待每件小事。当然，这并不只是一个口号、一个动作，而是要充分发挥主观能动性与责任心，尽一切努力把工作做好。不妨常常反省一下自己的工作，看自己是否忽略了工作中的某些细节！

(1) 严格要求自己

严于律己是每个优秀员工的做事态度。放纵自己不求甚解不注重细节，这些问题是很少在优秀员工身上看见的，也正因如此他们才获得了成功，成为了老板的得力助手，成为了公司的顶梁柱。要克服"差不多"的习惯，就必须严格要求自己。

(2) 用100%努力做好每一项工作

心不在焉、不求进取、马虎粗心的员工永远也不能把细节做得完美，当然，也就不会做出优异的成绩。对于每一项工作，哪怕是整理办公室这样的小事，只要投入100%的努力和热情，就会做得非常棒，从而得到同事的尊重和老板的重视。

(3) 改掉粗心的坏习惯

很多人从小就养成了粗心的坏习惯，当他们参加工作后，就很难出色地完成任务。他们学习不求甚解，外出办事总是迟到，与人约会时总迟到，办事时缺乏周密性，导致人们不再信任他们，与不愿与他们合作。

3.

不把小事做透，怎么做大事

很多人总想做大事，而不愿意或者不屑于做小事。但事实上，芸芸众生能做大事的人实在太少，大多数人只能做一些具体的事、琐碎的事、单调的事，也许过于平淡，也许过于鸡毛蒜皮，但这就是工作、就是生活，同时也是成就大事所不可缺少的基础。所以，无论做人、做事都要聚焦责任，

第五章 细化责任，不让岗位责任有一丝一毫的漏洞

把每件小事做透。我们来看一个事例：

>　　一家著名国际贸易公司高薪招聘业务人员。在众多的应聘者中，有一位年轻人条件相对优秀，不仅毕业于名牌大学，而且又有三年在外贸公司工作的经验。因此，当他面对主考官的时候显得非常自信。
>　　"你原来在外贸公司做什么工作？"主考官问道。
>　　"做花椒贸易。"
>　　"以前花椒的销路非常好，可是最近几年国外客商却不要了，你知道为什么吗？"
>　　"因为花椒质量不好。"
>　　"你知道为什么不好吗？"
>　　年轻人想了想，说道："一定是农民在采集花椒的时候不够细心！"
>
>
>
>　　主考官看了看他，说："你错了。我去过花椒产地，采集花椒的最佳时间只有一个月。太早了，花椒还没有成熟；太晚了，花椒在树上就已经爆裂了。花椒采好后，要在太阳下曝晒一整天，如果晒不好，就不能称之为上品。近几年来，许多农民图省事，把采集好的花椒放在热炕上烘干。这样烘出来的花椒虽然从颜色上看起来和晒过的花椒差不多，但是味道就相差很远了。"
>　　"一个好的业务员要重视工作中的各个细节，认真把每一件事都做透。"主考官说。

看看我们周围吧，对工作的每一个环节始终把握不到位、"熟不生巧"的人比比皆是。为什么会出现这种状况呢？一个很重要的原因是，他们不

我的岗位 我负责 我的工作 请放心

能把工作中的事情做透，总是抱着"差不多"和"想当然"的念头，做起事来敷衍塞责，不调查不研究就凭空下结论。结果，即使是第100次做同一件事，也不会比第一次做得更好。

"不论从事什么工作，你都应该精通它。"这是真理，但如果不能把工作中的每一个细节都做透，这也只能是一句空话。

泰国的东方饭店堪称亚洲饭店之最，几乎天天客满。如不提前一个月预订是很难有机会入住的，而且客人大都来自西方发达国家。东方饭店的经营如此成功，是他们有特别的优势吗？不是。是他们有新鲜独到的招术吗？也不是。那么，他们究竟靠什么获得骄人的业绩呢？要找到答案，不妨先来看看一位张经理入住东方饭店的经历。

张经理因生意经常去泰国，第一次下榻东方饭店就感觉很不错，第二次再入住时，楼层服务生恭敬地问道："张先生是要用早餐吗？"张经理很奇怪，反问："你怎么知道我姓张？"服务生说："我们饭店规定，晚上要背熟所有客人的姓名。"这令张经理大吃一惊，虽然他住过世界各地无数高级酒店，但这种情况还是第一次碰到。

张经理走进餐厅，服务小姐微笑着问："张先生还要老位子吗？"张经理的惊讶再次升级，心想尽管不是第一次在这里吃饭，但最近的一次也有一年多了，难道这里的服务小姐记忆力那么好？看到他惊讶的样子，服务小姐主动解释说："我刚刚查过电脑记录，您在去年的6月8日在靠近第二个窗口的位子上用过早餐。"张经理听后兴奋地说："老位子！老位子！"

小姐接着问："老菜单，一个三明治，一杯咖啡，一个鸡蛋？"张经理已不再惊讶了，"老菜单，就要老菜单！"上餐时餐厅赠送了张经理一碟小菜，由于这种小菜他是第一次看到，就问："这是什么？"服务生后退两步说："这是我们特有的小菜。"服务生为什么要先后退两步呢，他是怕自己说话时口水不小心落在客人的食品上。可以说这种高标准的服务不要说在一般的饭店，就是在美国顶尖的饭店里，张经理都没有见过。

后来，张经理有很长一段时间没有再到泰国去。但在他生日的时候却突然收到了一封东方饭店发来的生日贺卡，并附了一封信。信上说东方饭店的全体员工十分想念他，希望能再次见到他。张经理当时激动得热泪盈眶，发誓再到泰国去，一定要住在"东方"，并且推荐自己的朋友也选择"东方"。

其实，东方饭店在经营上并没什么新招、高招、怪招，他们采取的都是惯用的传统办法——向顾客提供人性化的优质服务。只不过，在别人仅局限于达到规定的服务水准就停滞不前时，他们却进一步挖掘，抓住许多别人未在意的不起眼的细节，坚持不懈地把最优质的服务延伸到方方面面，落实到点点滴滴，不遗余力地推向极致。由此，轻而易举地赢得了顾客的心，天天爆满也就不奇怪了。

一个人无论从事何种职业，都应该专注，尽自己的努力，求得不断的进步。这不仅是工作的原则，也是人生的原则。如果能全身心投入工作，承担责任，把每件事情做透，终会获得成功。那些取得巨大成就的人，都是能够把小事做细、把细事做透的人。

怎么样才能把小事做透呢？我们要先搞懂下面两个概念。

（1）所谓把事情做透，核心是"不满足"

比如搜牛奶包装的图片，有人搜1000张就知足了，觉得已经够多啦；有人搜2000张以为全部搜罗完毕，兴高采烈交差了事；有人搜罗5000张便以为天下第一多，马上去邀功请赏；而有人却搜罗10000张还觉得不够多……

支撑起搜罗10000张的信念就是"不满足"！今天搜完图片，关上电脑沾沾自喜,但等到明天又觉得还不够,离目标差得远,还应该再使把劲!于是在持续搜索中,就能想到不断换名字,换搜索引擎,等搜索完10000张图片后,这件事才基本算干彻底了。

(2)把事情做透的意思,也包含另外一回事:如何"苦干+巧干"

干好任何一件事,都离不开苦干,但光有苦干在当今社会远远不够,还必须要有巧干精神和技巧!一部分人缺乏苦干劲头,仗着小聪明,搞点偷奸耍滑的业绩;另一部分人缺乏巧干技巧,一味使蛮力,但业绩提升并不快。这两部分人工作成绩一般都不会如意,但如果二者很好结合,无缝连接,则前途不可限量。

当然,一番"苦干+巧干"后,最后的结果一定是把事情彻底做透,一出手就是绝活!只要你把小事做透了,怎么会干不成大事呢?

4.

一点小疏忽,付出大代价

在中国有一句名言,叫"千里之堤,溃于蚁穴"。讲的是任何细节,都会事关大局,牵一发而动全身,每一件细小的事情都会通过放大效应而凸显其重要影响。所以,工作中,我们的工作责任感需要体现在细节之中。

我们来看看下面这个在西方流传甚广的故事:

1485年,英国国王查理三世准备和兰凯斯特家族的亨利决一死战,以此决定由谁来统治英国。

细化责任，不让岗位责任有一丝一毫的漏洞

战斗打响之前，查理派马夫装备自己最喜欢的战马。

马夫发现马掌没有了，于是，他对铁匠说："快点给它钉掌，国王希望骑着它打头阵。"

"你得等一等，"铁匠回答，"前几天，因给所有的战马钉掌，铁片已经用完了。"

"我等不及了。"马夫不耐烦地叫道。

铁匠埋头干活，于是从一根铁条上弄下可做四个马掌的材料，把它们砸平、整形，固定在马蹄上，然后开始钉钉子。然而钉了三个马掌后，他发现没有钉子来钉第四个马掌了。

"我缺几个钉子，"他说，"需要点儿时间来砸两个。"

"我告诉过你我等不及了。"马夫急切地说。

"没有足够的钉子，我也能把马掌钉上，但是不能像其他几个那么牢固。"

"能不能挂住？"马夫问。

"应该能，"铁匠回答，"但我没有把握。"

"好吧，就这样，"马夫叫道，"快点，要不然国王会怪罪我的。"

于是，铁匠便凑合着把马掌挂上了。

很快，两军交战了。查理国王冲锋陷阵，鞭策士兵迎战敌军。突然，一只马掌掉了，战马跌倒在地，查理也被掀翻在地上。受惊的马跳起来逃走了，国王的士兵也纷纷转身撤退，亨利的军队包围了上来。

查理在空中挥舞宝剑，大喊道："马！一匹马，我的国家倾覆就因为这一匹马啊！"

于是，从那时起人们就传唱这样一首歌谣："少了一个铁钉，丢了一只马掌。少了一只马掌，丢了一匹战马。少了一匹战马，败了一场战役。败了一场战役，失了一个国家。"

我的岗位 我负责 我的工作请放心

一个帝国的存亡竟由一颗小小的钉子决定,这是一个深刻而耐人寻味的教训。然而,这样的教训在现实生活中比比皆是。下面这桩可以用"诡异"来形容的"连环杀人事件",为小疏忽带来大祸患作了最好的注脚。

事情发生在前些年某家市级儿童医院,因家中急用,一名护士利用值夜班时间,用盐水瓶灌了一瓶酒精藏于桌下角落,而下班时又忘记带走。适逢第二天大扫除,第二名护士发现桌下一瓶液体顺手放到桌上,第三名护士直接把其归放治疗台,而第四名护士似乎顺理成章地给病人输入……就这样,一条幼小生命消失了……当公安机关的拘留证摆在她们面前时,她们都觉得自己并没有什么大错,谁都觉得自己犯的错不足以去承担这份沉重的责任。第一名护士说,我只不过想拿瓶酒精回家,谁能想到竟会酿成这样的大错!第二名护士说,我只不过把一瓶液体放在桌上,谁又能想到它竟然成为输液的液体!第三名护士说,我只不过在履行我的职责,把物品归类放置,这难道也有错吗?第四名护士说,我更冤了,我怎么会想到那竟然是一瓶酒精呢?那试问,如果其中的一个护士严格执行了护理操作规程,做好了"三查七对",如果每一个护士多那么一点细心和疑问,这样的事情还会发生吗?现在谁来给这年幼的生命一个逝去的理由?谁来给他的亲人一个交代?

太多沉痛的事故告诫我们,张牙舞爪的魔鬼就藏在每一个细节中,所以我们在做任何事情之前,都要注重细节,认真仔细补缺查漏,绝不放过一点一滴的疏漏,不忽略任何细微的隐患,只有这样,安全工作才能真正落到实处。

然而,有些企业却太不重视安全上的细节,满足于一般号召和布置。这些企业把安全底线定得太低了,认为眼下不出事就是"安全"。但没有

第五章

细化责任,不让岗位责任有一丝一毫的漏洞

意识到,一些惨痛的事故,往往是事先在细节上不注意所致。比如有这样一个事故,一位钻井工人在钻台上不慎滑倒了,由于安全帽没有系紧扣带,在他倒地之前安全帽被甩到一边,导致后脑着地,直接身亡。

在安全上着实不能有半点的马虎和大意,一点点的小疏忽,就会付出极为惨痛的大代价。所以,工作中任何时候都要重视责任,重视细节,不放过一丝一毫,不让自己有一星半点的疏忽和大意。

重视细节,不让自己有任何疏忽,就是要我们正视自己的优点与不足,正视自己的失误与过错,清楚并善用自己在岗位上的每一个细节中的责任与权利。如果我们一再认为安全生产不必大事小事事事操心、面面俱到的话;如果我们还在认为"只要自己不出事,休管他人瓦上霜"而漠视他人细节的话;如果我们总是大大咧咧的经验主义:"没事!以前这么干都没有出事"的话;如果我们因为干了几年、十几年甚至几十年工作都平平安安,便麻痹大意,有意无意地忽视细节,有意无意地违章作业的话;如果我们总是抱着一种心态:"常在河边走,哪有不湿鞋"的话;如果……如果我们仍然坚持这太多太多的"如果",我们的安全意识还会提高、事故的经验教训还会被吸取、习惯性遵章的氛围还会形成、不安全形势会彻底转变吗?

重视细节,还要不怕麻烦,认真对待每一件事,该走弯路的,就不能为省事而抄近道。人们总是希望以最小的消耗来获得最大的工作效果,即省事心理,其表现为嫌麻烦、怕费劲、图方便等,正是因为这种省事心理,操作者省略了必要的步骤或不使用必要的安全防护而引起事故。

一台风机出了一点故障,一名操作人员去通知机修工来处理。机修工将电源关闭后就开始拆风机,由于电源开关离风机近,所以机修工没有挂停电检修的牌子,也没有安排人守在开关旁。当他们准备伸手搬动轴承时,另一名操作人走进去,也没看有人在里面检修,就合上了刀闸,风机突然转动,将一名机修工手套

卷了进去，幸好另一名机修工及时冲过去拉下刀闸，才避免了一场重大事故。

嫌麻烦、图省事的后果，很可能会带来更大的麻烦！细节就像人体的细胞一样举足轻重，谁能把握住细节，谁就能悄然成功，于无声处听惊雷，在细节中见真知。落实好每一个细节，把小事做细，把细节做好做透做到完美，安全还用得着担心吗？

重视细节，还需做到考虑问题全面而滴水不漏。有人说安全工作只有满分与零分两种，是有一定道理的。我们即使已经做了九十九分的努力，就差那么一点而发生了事故，那么，就跟一分也没有做是一样的。客观地说，有生产就有风险，隐患是大量存在的，关键是人们认识到了没有，有没有采取相应的防范措施。只有认真发现问题，不让任何细微的隐患有可乘之机，才能真正做到防患于未然。

企业在管理市场、管理销售团队、管理财务事务都要有苛求细节、负责到底的精神。起点低不要紧，关键是认真对待每一件小事，把寻常的事做好。

只有在细节之中，才能真正体现出每个员工的责任感来。想要在工作中避免疏忽，不妨这样做：

（1）明确自己的目标

目标就像是一个风向标，一个人如果没有了方向，即使他面前的路四通八达，也不知该怎么迈出步子。人生要有目标，有目标才有希望，有希望才有动力，没有目标的人生就如同折翼的老鹰，永远无法起飞。明确的目标能使你充满信心，使你的心态变得积极，使你具有强烈的成功意识。这种成功意识将使你充满成功的信念，并且不会因失败而停滞不前。

在平凡琐碎的工作中，往往都含着一些催化剂。如果它起作用了，就会使生活发生巨大的变化，从而影响一个人一生的命运。而目标就像这个催化剂，使一个平凡的人变得伟大。

（2）要有很强的责任感和认真负责的态度

工作无小事，认真对待每一件事都算是做大事，固守自己的本分和岗位，就是做出了最好的贡献。任何工作都是有意义的，每一个过程都成就了另一个过程，只有环环相扣，整体才会和谐美好。每个人各就各位，努力尽责并扮演好自己的角色，才可以顺利地完成一份共同的责任。每个人所做的工作，都是由一件件小事构成的，但不能因此而对工作中的小事敷衍应付。所有的成功者，都与我们做着同样简单的小事，唯一的区别就是，他们从不认为他们所做的事是简单的小事。

这是一个细节制胜的时代，对于自己的工作无论大小，都要了解得非常透彻，这样才能脚踏实地完成宏伟的目标。只要是自己的工作，就要彻底地对它负责。让我们提高警惕，把疏忽的后果扼杀在摇篮里。

5.

用心才能见微知著

著名理学大师彼得·德鲁克说："对于每一个成功的企业和个人来说，轰轰烈烈的成功时刻往往是短短的一瞬间，而默默地埋头于细节却贯穿于整个过程之中。"

工作是否单调乏味，往往取决于我们做它时的心境。工作中的每一件事都值得我们去做，而且应该用心去做。只有对工作满怀负责到底的认真态度，才能见微知著。

我的岗位 我负责 我的工作 请放心

飞机像一只滑翔的大鸟降落在东京国际机场,一家知名汽车生产公司的总工程师约翰先生踌躇满志地走下舷梯,他此行肩负重任。随着汽车业的日臻成熟,约翰所在的公司扩大了与日本一家生产高档轿车公司的合作。他此行的目的,就是与日方谈判,为它们提供轿车及附件。如果谈得顺利,公司将获得巨大的经济效益。

约翰只有40多岁,却已是知名的汽车专家,日方显得非常慎重,派出年轻有为、处事谨慎的副总裁兼技术部课长冈田先生前来迎接。约翰刚一落座,便随手"砰"地关上车门,声音特别响,冈田甚至看见整个车身都微微颤了一下。冈田不禁愣了一下:"是旅途的劳累使约翰先生情绪不佳,还是繁琐的通关手续让他心烦?他可是株式会社的贵客,得更加小心周到地接待才行。"

迎宾车停在株式会社大厦前的停车坪里,冈田快速下车,小跑着绕过车后,要为约翰开车门。但约翰却已打开车门下车,又随手"砰"地关上车门。这一次,比在机场上车时关得还要响,似乎用的力还要重得多。冈田又愣了一下。

日方安排的洽谈前的考察十分紧张,株式会社董事长兼总裁渡边先生还亲自接见,令约翰感到非常满意。会谈安排在第三天。在接下来的两天里,冈田极尽地主之谊,全程陪同约翰游览东京的名胜古迹和繁华街景,参观公司的生产基地。约翰显得兴致极高,但起身返回下榻酒店时,他关上车门时又是重重地"砰"的一下。

冈田不禁皱了一下眉。沉吟了片刻,他终于一边向约翰鞠躬,一边小心地问道:"约翰先生,敝社的安排没什么不妥吧?敝人的接待没什么不周吧?如果有,还望先生海涵。"约翰显然没什么不满意的:"冈田先生把什么都考虑得非常周到细致,谢谢。"说这话时,约翰是满脸的真诚。冈田却显得若有所思……

第五章
细化责任，不让岗位责任有一丝一毫的漏洞

第三天到了，接约翰的车停在株式会社大楼前，他下车后，又是一个重重的"砰"。冈田暗暗地咬了咬牙，暗中向手下的人吩咐几句后，丢下约翰，径直向董事长办公室走去。约翰正感到有些莫名其妙，冈田的手下客气地将他让到了休息室，说："冈田课长说是有紧急事要与董事长谈，请约翰先生稍等片刻。"

董事长办公室里，冈田语气严肃地对渡边说："董事长先生，我建议取消与这家公司的合作谈判！至少应该推迟。"

渡边不解地问："为什么？我们也没有推迟或取消谈判的理由啊。"冈田坚决地说："我对这家公司缺乏信心。"渡边便问："何以见得？"

冈田说："这几天我一直陪着这个总工程师。我发现他多次重重地关上车门，刚开始我还以为是他在发什么脾气呢，后来发现，这是他的习惯，这说明他关车门一直如此。约翰先生是这家知名汽车公司的高层人员，平时坐的一定是他们公司生产的好车。他重重关上车门习惯的养成，是因为他们生产的轿车车门用上一段时间后就不容易关牢，易出现质量问题。好车尚且如此，一般的车辆就可想而知了……我们把轿车和附件给他们生产，成本或许会降低不少，但这不等于在砸我们自己的牌子吗？请董事长三思……"

一个关车门的动作，可谓微不足道，很少会有人注意它，但恰恰是这种别人眼里的微不足道的小事，被冈田抓到了，并通过进一步的分析，揭示了这一习惯性动作背后可能隐藏的深层问题，从而帮助公司避免了可能遭受的重大损失。

带着一颗对公司、对合伙人的责任心，冈田做到了尽职尽责，从细小的行为习惯中嗅到了背后的危机，并敢于在危急关头提出异议，真正做到了对本职工作的认真负责。作为员工，我们要把冈田当做榜样，切实做到

我的岗位 我负责 我的工作 请放心

用心做事，不放过工作中的每一个细节，努力看透细节背后可能潜伏的问题，真正把工作做好。关注细节是每一个员工的责任，也是每一个和公司利益相关的人必须做到的。

东京一家贸易公司有一位小姐专门负责为客商购买车票。她常给德国一家大公司的商务经理购买来往于东京、大阪之间的火车票。不久，这位经理发现一件趣事：每次去大阪时，座位总在右窗口，返回东京时又总在左窗口。

经理询问小姐其中的缘故。小姐笑答道："车去大阪时，富士山在您的右边，返回东京时，富士山已到了您的左边。我想外国人都喜欢富士山的壮丽景色，所以我替您买了不同的车票。"就是这种不起眼的小事，使这位德国经理十分感动，促使他把对这家日本公司的贸易额由400万马克提高到1200万马克。他认为，在这样一个微不足道的小事上，这家公司的职员都能够想得这么周到，那么，跟他们做生意还有什么不放心的呢？

只有用心才能见微知著，才能把每一个细节都做到完美。

有位医学院的教授，在上课的第一天对他的学生说："当医生，最要紧的就是胆大心细！"说完，便将一只手指伸进桌子上一只盛满尿液的杯子里，接着再把手指放进自己的嘴中；随后，教授将那只杯子递给学生，让这些学生照着他的做法来做。看到每个学生都忍着呕吐，像教授一样把手指探入杯中，然后再塞进嘴里。教授微笑着说："哈哈，不错，不错，你们每个人都够胆大的。只可惜你们不够心细，看得不够清楚，没有注意我探入尿杯的是食指，放进嘴里的却是中指！"

用心才能看到细微处的不同。想把细节做到完美，每一位员工都必须牢固树立"细节决定安危"的观念，坚决克服"螺丝少紧一扣不碍事、垫片少上一个没问题、作业简化一步不算啥"的错误思想和行为。立足岗位，从小事做起，从自我做起，从现在做起，关注细节，尽职尽责，严格遵守规章制度，加强自身的安全保护，按标准化作业，从改掉惯性违章做起，管住并规范自己的每一个动作，认真负责、一丝不苟地把每一件细节、每一道工序、每一个环节做细、做好、做到位，做到完美。这就要求我们从以下方面努力：

（1）"用心"就必须思想到位

如果心灵是一个人的灵魂，那么思想就是一个人一切活动的指南。思想是行动的先导，只有思想认识到位了，我们的行动才能到位，工作才能做出成效、才能事半功倍、才能高人一等。也唯有如此，我们才能在不断实现自我价值中得到不断升华和超越，激活个人全部动力，激发个人全部潜能，促进每项工作都能够高效、有序展开，达到预期效果。

思想到位不能简单狭隘地理解为认识到位，而是要全方位去琢磨，要用实际行动去考量。这就需要我们把定性的东西去定量，把定量的东西按照时间、空间、效果等要素进行逐一落实，做思想巨人的同时，做好实际工作的践行者；要学会思考，养成勤学善思的好习惯，善于发现问题和改进不足，最大化运用个人聪明才智做好每项工作，积极主动迎接各种挑战和破解各类难题，做到思想深刻、考虑周全，只有把问题看透、看明白，工作才能干出业绩、干出水平。

（2）"用心"就必须责任到位

责任出能力。责任心的高低决定了一个人工作效果的大小和成败。

首先，我们必须正确对待工作，不能只把工作看成谋生的手段，这样我们就会缺乏工作热情和创造力。工作按部就班，循规蹈矩，就只能平平庸庸，何来晋升机会和上升空间。

其次，我们必须正确对待自己，善于接受挑战，养成不妥协的工作习惯。不能一遇困难就退缩，推诿推脱，没有担当；也不能将工作情绪化，受到挫折和打击就萎靡不振。

（3）"用心"就必须行动到位

如果只讲思想和责任，不讲行动，我们的工作就只会停留在表面上和形式上。行动要求我们必须树立学习理念，"应变的根本之道是学习"，只有学习，才能进步，才能成熟，才能提高发现问题和处理问题的能力。

俗话说"金无足赤、人无完人"。工作中难免会出现许多问题和不足，只有我们在不断实践中反复积累和思考，主动查不足、找差距，时刻反思自己、评判工作得失，才能不断适应新形势、新任务，提高工作水平和质量。

第六章 共担责任,不做"猪队友",要做"神助攻"

在现代企业中,团队的命运和利益包含了每一个成员的命运和利益,没有一个人可以使自己的利益与团队相脱节,也没有人可以单凭一己之力完成一项有规模的任务。

然而,我们常能看到一些业务专精的员工,仗着自己比别人优秀,往往合作时不积极,总倾向于一个人孤军奋战,然后拼死拼活,也未做出多大成就。其实他完全可以借助其他人的力量来使自己更优秀。

1.
团结就是力量，你不是一个人

俗话说："三个臭皮匠，顶个诸葛亮。"大家一定会疑惑，诸葛亮足智多谋怎么能跟三个普通的臭皮匠相提并论呢？难道是"以多欺少"吗？假如我们认真地研究其原因，就会明白，三个臭皮匠能胜过诸葛亮，主要是因为他们非常团结。我们还有句俗话叫做"兄弟齐心，其利断金"，同样是说团结的力量不容小觑。

日本在20世纪60—70年代开始了经济腾飞，迅速跻身世界经济大国的行列。客观地说，日本的国土面积十分狭小，物质资源极度匮乏，但是，仅仅在短短的二三十年间就一跃成为世界第二大经济强国，着实让人刮目相看。

对此，以美国为首的西方国家对日本的经济奇迹进行了深入的研究和探索，其结论是：日本企业竞争力强大的根源，不在于其员工个人能力的卓越，而在于其员工"团队合力"的强大。

万科集团的创始人王石说："我的灵感来自团队。也许我给外界的错觉是因为我个人的能量非常大而成就了万科的今天。其实不是这样。我对万科的价值是选择了一个行业，树立了一个品牌，培养了一个团队，后者的价值最大。"的确，团队的力量是企业最大的资本。正是因为聚集了一大批优秀的职业经理人，拥有富有激情的团队，所以才推动着万科与时俱进，不断取得成功。

今天的社会既是张扬个性、强调英雄的社会，更是需要协同作战、团结合作的社会。否则，将难逃失败的厄运。

我们来看看下面这则落网之鸟的寓言故事：

> 有一个猎人布下天罗地网，准备捕捉猎物。没过多久很多鸟飞到了网中，猎人非常高兴，准备马上收网，带着丰厚的猎物回家，没想到这群鸟的力气非常大，竟然带着网一起飞走了，猎人只好跟在后面拼命追。
>
> 一个村民看到了，笑道："算了吧，不管你跑得多快，也追不上会飞的鸟呀。"
>
> 但猎人坚定地说："不，你根本不知道，如果网中只有一只鸟，我就真追不上它，但现在有很多鸟在网中，我一定能追到。"
>
> 果然，到了黄昏，所有的鸟都想回自己的窝，有的要回森林，有的要回湖边，有的要回草原，它们各奔东西，于是就跟着网一起落地，被猎人活捉了。
>
> 落网之初，众鸟为了活命，齐心协力，目标一致，得以逃脱，这是团结的力量。但是到了傍晚，众鸟各怀私念，合力为零，所以难逃厄运。

在一个团队中，一个人"以一当十"并不难，真正困难的是让整个团队"以十当一"。因为"以一当十"只要最大程度地发挥一个人的潜力就行了，而"以十当一"则需要最大程度地发挥十个人的潜力，并且使这些潜力朝着一个方向发展。

我们经常可以看到很多企业在建立初期处于市场追随者的地位，这时候企业更多的是采取"以一当十"的策略，因为这个时候企业的规模有限，只有如此才能在市场中站稳脚跟。而当企业发展到一定的规模，处于市场挑战者和领先者地位的时候，企业就开始注重制度和文化的建设，这时候企业追求的是团队的"以十当一"，通过绩效考核、培训等方式培养员工的凝聚力、协调力，使企业成为一个富有竞争力的整体。

毛主席在《战略问题》中阐述其军事思想、军事原则时说："我们的战略是'以一当十'，我们的战术是'以十当一'，这是我们制胜敌人的根本法则之一。我们是以少胜多的——我们向整个中国统治者这样说。我们又是以多胜少的——我们向战场上作战的各个局部的敌人这样说。"这就是"以一当十，以十当一"的思想精髓。

联想集团的"项链理论"也是对"以十当一"的团队精神最好的诠释。

柳传志认为企业之间的竞争就是人才的竞争。对企业而言，一个个人才就像一颗颗晶莹圆润的珍珠，企业不但要把最大、最好的珍珠买回来，而且要有自己的"一条线"，能够把这一颗颗零散的珍珠穿起来，穿成一条精美的项链。如果没有这条线，珍珠再大、再多也不过是一盘散沙，它们起的作用不过是"以一当十"的匹夫之勇。

那么，这条线是什么呢？这条能把众多"珍珠"聚集在一起，使其步调一致，为了共同目标而努力的线就是团队精神。

管理大师彼得·德鲁克说："一个人靠一种精神力量生存和发展，因他的理念决定他的生存状态。一家企业也是如此，无数人的个人精神，融会成一种共同的团队精神，这是一家企业兴旺的开始。"

21世纪是知识经济的时代，对团队合作的要求越来越高。一个人的能力始终有限，如果每个团队成员只顾发挥自己"以一当十"的干劲儿是远远不够的，必须要提高自己的团队合作意识，整个团队才能发挥出"以十当一"的功效。也只有这样，"三个臭皮匠"才能胜过"诸葛亮"。

那么，我们要如何建立一个团结合作的工作氛围，团结无数个有力量的"臭皮匠"呢？

（1）积极开展集体活动，增强团结协作精神

参加集体活动、可以增强我们的团结协作意识，进而产生协同效应。在遇到困难的时候集体想办法、出主意，做到"三个臭皮匠，顶过诸葛亮"。我们想一下，当我们在工作中遇到困难，内心感到忧惧和无助、犹豫不决的时候，我们最需要的是什么呢？是团队内部成员之间发自内心的鼓励，它可以使我们战胜自我，可以使我们跨出决定人生的重要一步，这时我们会强烈地感受到来自团队的巨大力量。

（2）营造你追我赶、力争上游的工作氛围

必要的竞赛活动是保持团队锐气的必要条件，它能促使我们在学习上更努力、工作上更用心、作风上更顽强，从而加快前进的步伐。我们提倡团队的协作精神和互补精神，就是要在目标一致的前提下团结起来，携手协作，力争做出一流的成绩。同时，要避免恶性竞争，力戒同责相害，同美相妒，同行成冤家。

（3）充分信任同事和周围的人

信任别人是一种良好的美德。在与同事相处时，一定要给予充分的信任，同时自己要谦虚一点、微笑一点、宽容一点、主动一点。圆满完成既定的各项任务，就是要搞好团结协作，把工作做得更好。

正如歌里所唱："团结就是力量，这力量是铁，这力量是钢，比铁还硬，比钢还强。"记住，在团队里，你不是一个人，发挥团结的力量就能打开不一样的局面。

2. 承担自己该承担的责任，而不是找借口推诿

我大四时在一家外企实习，和我一起实习的还有另外一个女生张岩。有一天，我看到张岩在办公桌前忙东忙西，不停地翻阅资料，制作表格，忙的满头大汗。午休的时候，我在茶水间碰到她，我对她说："张岩，我看到你今天挺忙啊，有什么需要帮忙的就说一声。"

张岩说："别提了，主管让我帮她整理产品资料，这个资料是要给客户的，结果这两天事太多，我给忘了，今天才看到邮箱里工厂那边发过来的数据。怎么办，我死定了。"

我对她说："没事，你跟主管解释一下，这两天忙，主管知道的，她会体谅你的。"

张岩说："哎呀，你不知道，我还在实习期，肯定会被解雇的。"

下午，张岩提心吊胆地走进主管办公室，然后面带微笑地走出来。待她坐定，我悄悄对她说："你看，我就说吧，你跟主管主动承认一下，没什么大不了的。"

张岩得意地说："什么呀，才不是呢。我跟主管说，工厂那边数据还没发过来，我下午催催，把资料赶出来。这个锅我才不背呢。"

第二天我来上班时，看到张岩哭哭啼啼在收拾东西，就问她发生了什么事。她说："昨天下午主管找工厂核实了情况，知道我在找借口推卸责任，打电话跟我说我被解雇了。"

第六章

共担责任，不做"猪队友"，要做"神助攻"

俗话说："智者千虑，必有一失。"我们在工作之中难免会出现错误，但是当问题出现时，承担责任和找借口推诿该如何选择呢？优秀的员工会选择前者。因为，承担起自己该承担的责任，体现了一名员工的责任心。

其实，在工作中出现错误或失败并不可怕，可怕的是掩盖错误和推脱责任。犯了错就要敢于说出："这是我的错！"这样做才是弥补过失、追求完美的正确方法，也是赢得尊重的唯一选择。

相反，试图寻找借口，想把自己的过失掩饰掉，把自己应该承担的责任转嫁给他人，这样的人不是企业可以期待和信任的员工，他们注定只能是一事无成的失败者。

在某医院里，小男孩甲去打针，护士长误把另外一名孩子乙当成他进行了注射。经家长提醒，护士长拔出针头，未经消毒就扎入小男孩甲体内。两个孩子的家长担心此举对孩子健康有害，一度与院方发生争执。对此，医院儿科的负责人称："因为护士长太忙才会出现错误。"

工作忙不是必然出差错的理由，"忙中出错"更不是借口，尤其是这种关系患者生命安全健康的大事。如果工作太忙，就能容忍出差错，那么核导弹发射的人员一忙，人类岂不是要毁灭！按照医院的有关规定，护士在给病人注射前，应该仔细核对姓名，在准确无误的情况下，才能进行。可是，这位护士长却将针打在别的孩子身上，当真正的患者出现时，她又拔出针头给真正的患者再注射。这是严重的违规操作，作为护士长，当知道扎错人后，应及时更换注射器及针头，岂能继续使用！这简直是拿患者的生命健康当儿戏，没有一点儿工作责任感。

借口在我们身边时时都可听到。比如"我正忙着呢，没时间。""人手太少，没办法完成。""能做到这样已经不错了，要求不能太高了。""我的下属素质太差，我也没办法。让某某做可能会更好。"等。归纳为一句话——一切不是我的错。总是在找各种理由、各类借口为自己开脱，从自己的角度去思考失误犯错的原因，这实际上就是在推卸责任。

执行任务时，爱找借口的人会说"算了，太困难了"，或者说"人手不够，做不了"。更令人失望的是，有些业务员早上在公司报了到，然后跑出去喝咖啡，领导问他要找的客户找了没有，他就说"客户不在"或者"客户没空，约好明天见"等理由来推脱。这样的员工，多么令人失望啊，他们不仅是逃避责任，更是对自己工作能力的扼杀。逃避责任的人，也许可以得到暂时的轻松，但却失去了重要的成长机会——你什么都不做，到哪去学习技能，到哪去积累经验呢？

找借口的人，或许能获得些许心理慰藉，但是，借口的代价却无比昂贵，给企业和个人前途带来的危害一点也不少，很多时候往往就因为找借口而错失良机。在工作中，如果你发现自己经常为了没完成某些工作而制造借口，或是想出千百个理由来，为没能如期完成计划而辩解，那么就应该面对现实，改变自己。

任何借口都是推卸责任。选择责任还是选择借口，体现了一个人的生活和工作态度。找借口，是阻止自己进步的大敌。经常找借口的人，遇到困难和挫折时，不是积极地去想办法克服，而是去找各种各样的借口，久而久之就成了一个消极的人，也最终剥夺了自己成功的机会，使自己一事无成。

当然，也不能一竿子打翻一船人，我们身边也有勇于承担责任，承认错误的人，他们会勇敢地说："是我的责任，我没有做好。"就是这么一句简单的话，却需要莫大的勇气。

那么在职场中我们要怎么避免犯错，假如犯错了，我们该如何解决呢？下面几种方法，希望能帮到在职场中的人士：

（1）事先做好工作准备，工作态度要严谨

在开展工作之前，必须先搞明白此项工作的目的是什么，要达到什么样的效果，做之前先与公司相关部门核对工作细节之后再投入工作；对于没有把握、不确定的事宜必须请示公司值班领导后方可表态。

（2）出错时积极面对，及时解决问题

作为一名员工，当你犯错时，最好的解决方法不是掩盖和辩解，而是大胆地向领导说出："这是我的错！"有的人拒绝承认错误、推卸责任，但实际上他们的本意并非如此，在面对错误时，有的人常常犹豫不决，没能及时认错，直至后来发展到找借口，推卸责任。

但是，你是否想过，原本是认错就能解决的事情，会因为无作为的搁置而增加了执行成本，整个项目也许会因此被耽误。

（3）改变定式思维，职场不是"火焰山"

我们一定要转变思维，主动且诚恳地承认错误，承担责任不一定像想象中那样，因为人都会犯错误。主动承认错误说明自己有主动改错的意愿，常常能获得上级的理解。一个人能够主动承认错误，也就是敢于承担责任的开始。这样的人能及时改正工作中的错误，为降低损失而制订出更好的方案，在执行的过程中更为认真小心，不让错误再次出现。只要承认错误并敢于承担责任，错误就转变成了宝贵的财富。

犯错不可怕，犯错后找借口推脱责任才可怕。你设想一下，假如你是老板，会把重要的工作，宝贵的机会给一个不敢承担责任的人吗？相信你心里已经有了答案。

我的岗位 我负责 我的工作 请放心

3.

跟同事协调好关系，打好配合事半功倍

想必大家都知道"狼道"精神吧，的确，狼群最伟大的品质就在于它们的合作精神。因此可以这样认为，只有合作才能攻无不克，战无不胜。

海尔集团总裁张瑞敏曾经说："狼最值得称道的是战斗中的团队精神，协同作战，甚至不惜为了胜利粉身碎骨，以身殉职。而在职场、商战中这种对手也是最令人害怕的，这样的对手是最具有杀伤力的。"

那么，合作的真正意义到底是什么呢？所谓合作，就是一群人为了达到某一特定的目标，而联合在一起。众人拾柴火焰高，这是合作的基础。

在如今的职场，那些只搞"独唱"，信仰个人主义，以自己为中心，认为仅凭一己之力就可以出色完成任务的人越来越没有市场，必将逐渐被淘汰。

我们公司有一位能力非常出色的员工郭洋，在一次与客户的谈判中表现突出，为公司创造了良好的效益，并受到总经理的高度赞扬。这次谈判使郭洋感觉自己能力超群，总经理的赞扬使他觉得自己非同一般。在日常工作中，他开始不和同事们交往、沟通，一副自高自大、目中无人的样子，在公司里独来独往。

郭洋的态度使得同事们渐渐疏远了他，谁都不愿意与他合作。于是，他成了被孤立的人，在许多事情上都陷入极其尴尬的境地。后来在一次商业谈判中，由于他判断失误给公司造成了巨大的损失。同事们的讥笑、总经理的恼怒，使他无法再继续待下去，他很不体面地自行辞职离开了公司。

从郭洋的经历中我们学到了什么呢？他的经历告诉我们，在职场中，一定要学会和同事协调好关系。聪明的人融入团队，和同事打好配合，事半功倍。

荣誉是优秀的象征，当你取得成绩、拥有荣誉时，更应该戒骄戒躁，因为只有这样你才能与同事们相互支持、帮助。

在团队里，还要注意培养与团队成员之间的感情，多跟他们分享你对工作的看法，多听取和接受他们的意见，跟每一位团队成员保持友好的关系。在团队里，如果你被孤立起来，那将是件很危险的事。

大家一定听过这样一个故事：

在一个花园里，美丽的红玫瑰引来了人们驻足欣赏，红玫瑰为此感到十分骄傲。红玫瑰旁边一直蹲着一只青蛙，红玫瑰嫌青蛙跟自己的美丽不协调，强烈要求青蛙立即从自己身边走开。青蛙只好顺从地走开了。

没过多久，青蛙经过红玫瑰身边，它惊讶地发现红玫瑰已经凋谢了，叶子和花瓣都掉光了。

青蛙说："你看起来很不好，发生了什么事情？"

红玫瑰回答："自从你走后，虫子每天都在啃食我，我再也无法恢复往日的美丽了。"

青蛙说："当然了，我在这里的时候帮你把它们都吃掉，你才成了花园里最漂亮的花。"

有许多人都像红玫瑰一样自命清高，总认为别人对自己一点用处都没有。其实，我们每个人都有需要他人的地方。一个团队成员不应该只注意个人名下的辉煌业绩，更应该看到自己背后的团队成员。

阿健在上大学时是班上的优等生，参加工作后，常常恃才傲物，个性强硬。当时和他一起进入公司工作的还有另一个年轻人小胡。小胡和阿健一样也非常优秀，然而到了公司之后，他踏实地工作，处处严格要求自己，连喜欢抽烟的毛病都改掉了，他还主动热情地和同事们交往，很快就赢得了大家的喜欢。

到年终评选优秀员工时，由于业绩优秀和同事们的支持，小胡受到了表彰。阿健也非常努力地工作，业绩却没有小胡好，与同事们关系处得也不是太好，领导不喜欢他，在评选时他一票也没得到。

阿健认为自己不受重视，感觉英雄无用武之地，因此辞职而去。离开这家公司后，他对自己所找的工作都不太满意，他为此深感懊恼。但是，他并不知道自己的失败在于没有很好地融入到团队里，没有与团队成员密切合作。

自以为是的人，往往不易融入团队，因为他们自我感觉良好，不愿与别人合作。这样的一意孤行，不但会使自己孤立，也容易被倡导"团队精神"的现代社会所抛弃。一个人如果感到自己很难融入到团队里，可能他自身存在一些问题。这时不妨从自己身上找出原因，并马上改过来。

在企业里，抱怨自己怀才不遇，感慨工作环境不好而频繁跳槽的人，大多缺乏合作意识和团队精神。不能把自己和谐地融入团队是他们失败的一大原因。

在一个团队中，每个成员的优缺点都不尽相同，我们应该善于发现并学习团队成员积极的品质，让自己的缺点和消极品质在团队合作中被消灭。时常反省一下自己，自己对人是不是还那么冷漠，或者还那么言辞犀利。这些缺点在团队合作中会成为自己进一步成长的障碍。如果意识到了自己的缺点，就要注意改正。

成功人士都经历过从"能干的人"到"团队好伙伴"的过程，人在职场上的发展过程，其实就是被团队认可的过程！

处于同一个企业的员工，都有着不可替代的作用，只有不搞"独唱"，与大家真诚合作，才能把复杂的事情变得简单，把简单的事情变得容易，将容易的事情以更高的效率做好。能够意识到这一点，也许喜欢单枪匹马做个英雄的人就会少一些。

是的，在任何一家企业中都存在竞争，员工与员工之间的竞争、员工与领导之间的竞争、领导与领导之间的竞争。在这竞争中的每一个人都有希望、目标和理想，都渴望梦想成真。其实，从自身发展的角度来讲，和同事合作比与同事竞争更为重要。将自己视为团队的一部分，竞争的最高限度是绝不能让竞争损害到整个团队的和谐。

员工与员工之间必须要相互支持，而不是搞"独唱"，相互拆台。有很多员工只关注自己的利益，而不信任他人，甚至猜疑同事。其实这是一个态度问题，如果你能善待他人，相互间就可以建立起良好的合作关系。

作为企业中的一员，遇到事情时，不应去想"这样做，对我有什么好处"，而应该想"这样做，对团队、对大家有什么好处"。这两个不同的关注点说明你想的是与他人竞争，还是与他人积极配合。罗伯特斯指出："任何优异的成绩都是通过一场相互合作的接力赛取得的，而不是一个简单的竞争过程。"去关注整个企业的利益，而不是你自己的，与大家真诚合作，否则，只会让自己举步维艰，也让团队受到拖累。

要想跟同事协调好关系，应该注意以下几点：

（1）与人方便

我们经常听到这样一句话：与人方便，自己方便。有时候，你必须为他人的利益着想。如果只顾自己而不顾别人，那么你很可能会受到排挤、攻击。不给他人方便的人，自己也难有好的结果。

我的岗位 我负责 我的工作请放心

（2）注意小节

越是小事，越能看清一个人。一些看似无关紧要的小事情，如欠缺礼貌，无意中的食言，一个不文明的小动作，很容易破坏你好不容易才建立起来的人际关系。在团队里，最重要的往往就是小事情。

（3）诚恳正直

诚恳正直的人能赢得别人的信任。不诚恳正直的人，很容易因为自己行为的不检而失去别人的信任。为了争取友谊，而不惜揭第三者之短的人，只能引起别人的戒心而不能赢得别人的信任。

（4）信守承诺

信守承诺的人很容易得到团队成员更多的信任，而背信弃义的人则为人所不齿，其代价往往超出其他任何过失。一次严重的失信会使自己信誉扫地，名声败坏，想要再建立良好的人际关系非常困难。所以，为人不可轻易许诺，一旦许诺则一定要信守。

（5）不在乎被人占便宜

被人占便宜看似是一种损失，其实是一种投资，因为对方会觉得有所亏欠，恰当的时候你便会得到回报。当然，并不是要去吃所有的亏，有些亏是不能吃的。另外，有些人占了便宜还卖乖，而且也没有亏欠之心，那么对这种人就不必有所期望了。

（6）敢于道歉

诚心实意的道歉能够化敌为友。当然，道歉的勇气并非人人都有，只有坚定自信、具有安全感的人才能做到。那种缺乏自信的人唯恐道歉会显得软弱，让自己受到伤害，而使别人得寸进尺。俗话说："弱者才会残忍，唯强者懂得温柔。"一般情况下，人们都可以容忍别人的错误，因为错误通常是无心之过。当然，那种动机不良或者企图文过饰非的人，就不该得到宽恕。

共担责任，不做"猪队友"，要做"神助攻"

跟同事建立良好的人际关系，通常他们也会在关键时刻助你一臂之力。这些人际关系会成为你一生中最珍贵的资产，在必要的时候，会对你产生莫大的效用，就像银行存款一样，积少成多，有急需时常常能派上用场。而别人对你的善意的回报，有时是附带"利息"的，就好比银行存款生利息那样。

4. 顾全大局，不要只想着自己的利益

提到迈克尔·乔丹，几乎没有人不知道他曾是 NBA 最伟大的球员。而迈克尔·乔丹之所以伟大，不仅仅是因为他有全面的技术，能成为篮球场上的领军人物，更为重要的是，在赛场上，只要为了球队的胜利，他能付出任何不求回报的牺牲。当很多球员想着怎样争取更多上场的时间，怎样得分，怎样才能吸引观众的目光并成为媒体的焦点时，迈克尔·乔丹却可以放下巨人的架子，甘当配角，他这种时刻为大局利益着想的精神深深地感染了队友，也为大家所钦佩。

不妨假设一下，如果迈克尔·乔丹，在球场上只顾表现自己，芝加哥公牛队还会成为 NBA 历史上最伟大的球队之一吗？肯定不能！迈克尔·乔丹还能成为最伟大的球员吗？也肯定不能！所以，可以这样下结论：顾全大局，甘当配角，从表面上看自己是遭受损失了，但是从更深层次来看，当配角的人同样也是赢家，因为你的谦让，你的付出，能使整个团队获得更大的成功，而团队的成功，也是你个人的成功！

我的岗位 我负责 我的工作 请放心

某公司有6名保安。当经理决定从他们6个人当中选出一名为队长时，6个人都想当，并分别向经理自荐。其中有3个人自荐时，还捎带说了其他同事的坏话，比如某某在工作时间内闲聊，某某有抽烟、喝酒的不良行为等。由于6个人都有想当队长的强烈愿望，经理决定通过比赛的形式选拔。

首先，经理把6个人分成甲、乙两组，每组3人，让他们徒手翻过一堵3米高的墙，当然墙的那一边铺上了安全垫。如果哪一组先上去，哪一组就是赢家，然后那一组的3名成员再进入下一轮的决赛，最终胜出者就是队长。

毫无疑问，3米高的一堵墙，普通人如果不借助工具，要从光滑的墙壁上爬上去几乎是不可能的，而且经理给出的时间只有3分钟。怎样才能翻过那堵墙呢？

甲队的3名队员径直来到墙根下，其中一名叫朱志的小伙子迅速蹲在地上，对另外两个人说："快，你们踩着我的肩膀爬上墙头，然后再拉我上去。"

"这……"

"还犹豫什么？快上……"

于是，另外两个人踩着朱志的肩膀迅速爬上了墙头，然后分别伸出一只手把他拉了上去，然后3人一齐跳到了对面的垫子上。

经理满意地点了一下头，甲组的3名队员整个翻墙过程只用了2分40秒。

再看看乙组。乙组的3名队员还在争论着，且声音越来越大。3个人中身材最高大的李涛大声抗议道："什么？让我当梯子，你们踩着我的肩膀上？不行！我又不是木头，你们踩在我肩上多痛啊！再说，谁能保证你们俩上去后会伸手拉我呢？"

"你不当梯子，我也不可能，我感冒了，我身体还虚着呢。"小个子李波说。

"你感冒了,骗人吧。我这几天拉肚子,浑身没力气,这你们俩都是知道的呀!"另外一个人说。

就在3人还在争论不休的时候,经理走过来说:"别争了,你们谁也不用当梯子了。"

"啊,经理,我们可以不通过这一关就直接进入下场比赛了?"乙组的3名队员高兴地问。

"是的,你们可以不过这一关了,因为你们已经超过了规定的时间。但是,你们也用不着参加下场比赛了。"经理说完,径直走了。

甲队之所以能顺利地进入下一轮比赛,离不开他们团结一致、齐心协力的精神,更离不开朱志顾全大局、甘当"梯子"的奉献精神。假如甲队的3名队员也像乙队的3名队员那样,谁也不愿当"梯子",那么谁也别想翻过墙头,进入下一轮比赛。

由此可见,无论你是普通员工、高级主管还是公司经理,都不可能在没有支持和帮助的情况下独立实现全部目标,每个人都需要下级、领导、同事的支持,都不能脱离团队。如果没有团队的协助和支持,谁都无法获得持久的成功。更为关键的是,如果你不顾大局,从不愿当配角,那么别人也会如此"回报"你,你就很难获得当主角的机会了。俗话说:"红花还得绿叶配。"一朵娇艳的红花,只有在绿叶的衬托下,才会变得更美丽。工作中也一样,只有很好地配合,我们的工作才能做得更完美、更精彩。

说到这儿,你明白什么是大局观了吗?大局就是关系到事物生存和发展的整体,也就是全局。顾全大局就是决策、谋发展和考虑问题,要从全局出发、从长远出发,不能只顾眼前、只顾局部。那么,顾全大局有哪些表现呢?

(1)把集体放在首位

当个人利益与集体利益发生冲突时,我们不能为了个人私利而置集体利益于不顾。为个人利益而不顾集体利益，或许能够得到一时的好处，但就长远而言是非常不明智的。首先，为了一时小利而损害长远利益是极为短视的，这样做无异于"捡了芝麻丢了西瓜"。其次，为了个人小利牺牲集体利益，企业因此发展受阻的同时，也会波及我们自身。更重要的是，这样做有悖职业道德，严重破坏自己的声誉，于自己的前途不利。

（2）一切从全局整体利益出发，而不计较个人的得失

所有的公司都希望员工能将公司的利益放在第一位，希望他们在做事的时候能够顾全大局。那些凡事都能从大局出发的人，才是公司和老板最需要的人。

正如"没有国，哪有家"一样，没有公司的发展，哪来个人的发展？公司利益与个人利益的关系是非常密切的，在根本利益上也是一致的，但在个人利益与公司利益发生冲突时，顾全大局的员工懂得以公司利益为重，公司利益放在第一位，以牺牲自己的小利益来保全公司的大利益。

做一名优秀的员工，就要培养自己顾全大局的意识。一个人只有把自己和集体事业融合在一起的时候才最有力量，一个懂得牺牲小我，顾全大局的人也必定是一个胸怀大志的聪明人。因为他知道只有集体的利益得到了维护，个人的利益才有保障。

5.

团队齐心,工作舒心;岗位安心,企业放心

俗话说得好:"一个篱笆三个桩,一个好汉三个帮。"再伟大的人物,也不可能单枪匹马闯出世界来。"三个臭皮匠,赛过诸葛亮",这就是合作的力量。因为合作,可以集思广益。集思广益常常能打破不可能的坚冰,创造一个又一个的奇迹,还会带领人们走进前所未有的新天地。集思广益同样能够激发每一个人的潜力,化不可能为可能,化腐朽为神奇。

一天,一群男孩来到一段早已废弃的铁轨旁边。一个男孩跳上一条轨道,想在上面行走,但只走了几步,就失去了平衡,从铁轨上掉了下来。另一个男孩想试试,也失败了。其他的男孩都笑了起来。

前面走铁轨失败了的男孩不服气地说:"我打赌你们谁也走不到头。"男孩们一个接一个上去试,都没有成功。

这时,有两个男孩在一旁耳语了一会儿,其中一个男孩向伙伴们发出了挑战:"我能在铁轨上一直走到头,他也能。"他指了指另外那个男孩。

"不可能,你们办不到。"一个试过的男孩说。

"赌一根棒棒糖。"他说。

伙伴们都接受了这个赌注。

出来挑战的两个男孩分别跳上两条铁轨，伸出胳膊，彼此牢牢地牵着手，小心翼翼地走到了铁轨的尽头。

是的，彼此伸出一只手就可以在铁轨上平稳行走，彼此伸出一只手就可以共同走向远方。

在自然界中同样如此，不同种的植物生长在一起，根部会互相缠绕，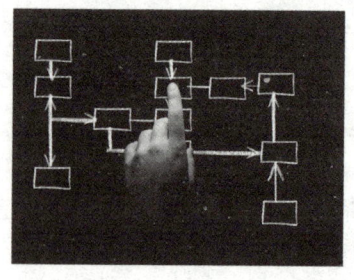由于它们的共同作用，可以改善它们生存的土质，进而为它们的茁壮成长提供优质的土壤和充足的养分，这些相互缠绕的植物也比单独生长时更为茂盛。动物界的例子更是数不胜数。大家都知道大雁飞行时的情形。它们有一种合作的本能，飞行时大都呈人字形。大雁以这种形式飞行，要比单独飞行多出12%的力量。这就是合作的力量。

人作为社会的人，比动物更明白合作的威力，也比动物更需要合作的力量，团队合作已经成为人类生存的必须。对于企业而言，团队意识和合作精神更为重要，企业对于合作型员工的渴求更加明显，"是否具有合作精神"，已经成为众多企业选取人、用人的条件之一。因为团队的力量是巨大的。团队的力量远大于个人力量，一加一等于二，这是人人都知道的算术。可用在人与人的团结合作上，那就不再是一加一等于二了，而可能等于三、等于四、等于五……合作就是力量，这是再浅显不过的道理。美国前自由党领袖大卫·史提尔说："合作，不仅是一种工作而已。事实上，合作是一切团队繁荣的根本。"越是懂得合作的团队越能做出卓越的成绩，越是善于合作的人，也越容易取得成功。

丹麦天文学家第谷用30年时间精密观察行星的位置，积累了大量精确可靠的资料，但他不善于理论思维和科学整理，所以未能有重大发现。临终前第谷将资料交给助手开普勒，并告诉他按照这些资料绘制星座图。

开普勒将自己的深刻研究和第谷的精确观察相结合,终于发现了行星运动的三大定律,揭开了天体运动的秘密。试问没有合作,哪来的行星运动的三大定律?

当年拿破仑带领法国军队所向披靡,但在进攻马木留克城的时候,却遭到了顽强的抵抗。马木留克士兵高大威猛,一个法国士兵根本就打不过一个马木留克士兵,法国军队遭到了前所未有的抵抗。

后来拿破仑发现,两个法国士兵却可以打过两个马木留克士兵,一群法国士兵可以打过一群马木留克士兵。所以,他让法国士兵尽量避免单独作战。依靠团队合作,法国士兵最终击败了马木留克士兵。

原来,马木留克士兵虽然强悍无比,但他们不重视合作,自己打自己的,同伴遇到了危险,也不去接应,而法国士兵却视合作为生命,依靠合作他们最终获得了胜利。

你看,个体的力量是有限的,而团队的合作则可以实现个体难以达到的目标。

战国时期的蔺相如多次立功,并使和氏璧完整归赵,被赵王重用。担任赵国宰相时,廉颇老将军居功自傲,十分不服气,并处处刁难。蔺相如为了国家的利益,对廉颇老将军处处相让。当廉颇老将军明白了蔺相如的良苦用心后,非常惭愧,亲自到宰相府负荆请罪。他们日后在处理国家事务时精诚合作,使赵国日渐兴旺,将相和被传为历史佳话。

同样,每一个公司都是一个团队,而每一位员工都是其中的一员,员工只有具备了团队精神,才可能对工作认真负责,对自己的人生和事业负责。

有一家著名的公司招聘管理人员,有9个人过关斩将,从众多应聘者中脱颖而出,老总看过这9个人的详细资料和初试成绩后,相当满意。但此次招聘只能录取3个人,所以最后决定由老总出一道加试题。

老总把这9个人随机分成甲、乙、丙3组，指定甲组的3个人去调查婴儿用品市场，乙组的3个人去调查妇女用品市场，丙组的3个人则去调查老年人用品市场。老总说："为避免大家盲目开展调查，我已经叫秘书准备了一份相关行业的资料，走的时候大家到秘书那里去取！"

到了规定的日期，9个人都把自己的市场分析报告送到了老总那里。老总看完后，站起身来，走向丙组的3个人，向他们祝贺道："恭喜3位，你们已经被本公司录用了！"老总看着大家疑惑的表情，呵呵一笑，说："请大家打开我叫秘书给你们的资料，互相看看。"

原来，每个人得到的资料都不一样，甲组的3个人得到的分别是婴儿用品市场过去、现在和将来的资料，其他两组的也类似。老总说："丙组的3个人很聪明，互相借用了对方的资料，补全了自己的分析报告。而甲、乙两组的6个人却分别行事，抛开队友，自己做自己的。我出这样一个题目，其实最主要的目的是想看看大家的团队精神如何。甲、乙两组失败的原因在于没有合作。要知道，团队精神才是现代企业成功的保障！"

虽然每个老板都希望自己的员工精明强干，能独当一面，但是老板更希望员工能够精诚合作、互相支持。老板重视的是整体效应，即"一花独放不是春，百花齐放春满园"。如果发现了远处有一片鲜花的蜜蜂，不肯将花源告诉同伴，只顾自己采花，那么，酿的蜜再多，也比不过一群蜜蜂酿的蜜！

一个互相信任的团队，一个互相扶持的团队，一个互相依赖的团队，对于一个企业而言，是关系兴衰存亡的关键因素，也是个人获得职业发展的决定因素。一根筷子轻轻被折断，十双筷子牢牢抱成团；一个巴掌拍不响，万人鼓掌声震天，越是懂得合作的人，越能懂得责任的意义，越能体共担责任，不做"猪队友"，要做"神助攻"

会到责任的真谛，也就越负责。

不管个人有多么强大，成就有多么辉煌，只有保持与他人之间的合作，才能实现自己的梦想，因为只有合作才能走向未来。那么，我们要如何增强团队凝聚力呢？

（1）明确团队目标

要有明确的团队目标，并使其深入每个员工的内心。目标是一面旗帜、一盏指明灯，它可以带领大家朝着共同的方向去努力、拼搏，直至达到预期的结果。

任何事情如果没有明确的目标，就好比散兵游勇，在茫茫的大海中永远找不到停靠的岸。目标可以是管理目标、生产目标，也可以是安全目标、品质目标、效率目标，只要经过深思熟虑制定出了符合自身发展要求的目标，就必须要让每位员工牢记在心，在班前会上进行多次宣导，让大家统一思想、达成共识，明确努力的方向，这样才能有目的、有计划地去工作和生产。

（2）尊重团队成员

尊重员工不仅仅要尊重他们的人格和劳动成果，而且还要尊重他们提出的一些合理化意见和建议。当员工通过踏实肯干取得成绩时，要激励其再接再厉、继续努力；当员工由于思想麻痹犯了错误时，要诚恳地指出问题的根本原因和今后的努力方向，并杜绝类似的事情再次发生或希望下次能见到他表现好的一面，而不是一味地加以指责。

（3）谨防小团体主义

团队领导者带着团队出走，对企业来说是重伤。那样不仅带走了企业的骨干人力、核心技术，还有可能变成企业强劲的敌手。

所以企业对小团体主义十分严苛，作为团队领导者要注意防止自己的团队变成自己的"卫队"。这会使团队利益与组织利益相对立，团队领导者也不可能得到企业的信任和提拔。

我的岗位 我负责 我的工作 请放心

　　团队凝聚力变强了,我们的团队才能齐心,工作才能舒心,岗位才能安心,领导才能放心。

第七章

升华责任，以工匠之心把岗位工作做到完美

自古以来，工匠以炉火纯青、登峰造极的技艺，以一丝不苟、精益求精的工作态度，以孜孜不倦、精雕细琢的职业精神，验证着平凡中的崇高与伟大，谱写了人生辉煌的乐章。高尚的"工匠精神"是任何时代都不可缺少的。在当今社会，只有把工匠精神发挥得淋漓尽致，才能拥有竞争的优势，才能具有真正的不可替代性，才能永远在复杂环境下立于不败之地。

我的岗位 我负责 我的工作 请放心

1. 商业时代，依然需要"工匠精神"

对企业员工来说，"工匠精神"指的是员工对某一项专业技能学到极致、发挥到极致，或是对某个产品精雕细琢、精益求精的钻研精神。"工匠"善于不断改善产品的生产工艺，享受产品在生产中升华的细节过程，对精品有着执着的追求。比如把产品的品质从99%提高到99.99%，其利虽微，却能长久造福于企业，对企业的发展意义重大，这就是我们所需提倡的"工匠精神"，亦应是企业每位职工永恒的追求。

在当今飞速发展的社会里，公司的每个员工都要始终保持先进性，这样才能胜利完成公司和领导赋予的使命。那么，如何保持先进性呢？简单来说，就是用"工匠精神"高标准要求自己。我们不仅要具有高超的岗位技术专长和精湛的技能表现，成为企业某个重要岗位技术上的拔尖人才，更重要的是要有严谨、细致、专注、负责的工作态度以及对职业的认同感、责任感、荣誉感和使命感。许多一流的员工

都常常扪心自问："怎样才能做得更好？"具有这样的问题意识，自然能够了解自己所欠缺的、不足的还有很多，这些可能正是公司今后的策略和方法。

一位老板在他的回忆录上写道：

事实上往往有些员工接到指令后就去执行，他需要老板具体而细致地

说明每一个项目，完全不去思考任务本身的意义。这种员工是不会有出息的，因为他们不知道思考能力对于人的发展是多么的重要。

不思进取的人由接到指令的那一刻开始，就感到厌倦，他们不愿动半点儿脑筋，最好是能像电脑一样，输入了程序不用思考就把工作完成。

所以，不断思考和改进是我们必须要做的事。在对既有工作流程寻求改变以前，必须先努力了解既有的工作流程，以及原理。然后质疑既有的工作方法，思考能不能做进一步改善。

一个人成功与否在于他是否做任何事都力求最好，成功者无论从事什么样的工作，他都不会轻率疏忽。因此，在工作中就应该以最高的标准要求自己，能做到最好，就必须做到最好。这样，对于老板来说，你才是最有价值的员工。

有个刚刚进入公司的年轻人自认为专业能力很强，有一天，他的老板直接交给他一项任务，为一家知名公司做一个广告策划方案。

这个年轻人见是老板亲自交代的，不敢怠慢，认认真真地搞了半个月。半个月后，他拿着这个方案，走进了老板的办公室，恭恭敬敬地放在老板的桌子上。谁知，老板看都没看，只说了一句话："这是你能做的最好方案吗？"年轻人一怔，没敢回答，老板轻轻地把方案推给年轻人，年轻人什么也没说拿起方案，走回自己的办公室。

年轻人苦思冥想了好几天，再修改后交上，老板还是那句话："这是你能做的最好的方案吗？"年轻人心中忐忑不安，不敢给予肯定的答复，于是老板还是让他拿回去修改。

这样反复了四五次，最后一次的时候，年轻人信心百倍地说："是的，我认为这是最好的方案。"老板微笑着说："好，这个方案批准通过。"

通过这件事，年轻人明白了一个道理，只有持续不断地改进，工作才能做好。从这以后，在工作中他经常自问："这是我能做的最好的方案吗？"然后再不断进行改善，不久他就成为了公司不可缺少的一员，老板对他的工作非常满意，后来这个年轻人被提为部门主管，他领导的团队业绩一直很好。

工作做完了，并不代表不可以再有改进，在满意的成绩中，仍抱着客观的态度找出毛病，发掘未发挥的潜力，创造出最佳业绩，这才是工匠精神的表现。这种竭尽全力、追求完美的工作态度，能创造出最大的价值。

工匠精神不是枯燥机械的、僵硬死板的，而是一种热爱工作的精神，是一种精益求精的态度，它不只是一种付出，更是一种获得。工作当中，完成任务只是最基本的准则，而把事情做好才是老板对每一个员工最核心的要求。最让人痛心的人，不是在追求更好的过程中失败的人，而是那些把工作当作任务，在工作中停止追求、满足现状的人。只追求最低工作标准的员工往往连最低标准也达不到。只有那些不断追求做得更好的员工才能树立个人品牌，成为职场中的赢家。

刘岩是一名毫不起眼的理发师，他的理发店也在街角最不起眼的地方，但令人奇怪的是，他的店每天都顾客盈门。理由很简单：刘岩是一位很好的理发师。他总能把顾客的头发剪出最好的效果。如果能够拥有一个好发型和一份好心情，在路上多花一点时间去刘岩街角的小店又有什么关系呢？不仅如此，他的客人还向自己的家人和朋友推荐这家理发店。久而久之，刘岩名声大振，成为这个城市中首屈一指的理发师。

刘岩对工作的态度近乎偏执。有一次，一个有钱人来店里理发。刘岩告诉对方，剪发大概要用40分钟的时间。对方没有异议。可是，剪到30分钟的时候，这位顾客突然接到一个电话，因为事情紧急，所以得马上走。刘岩坚持说：必须把头发剪完才能走，不然的话，会影响到整体的效果。顾客很生气，但是刘岩仍然不肯放他走，并且再三强调要对自己的工作负责。顾客没有办法，只能留在店里把头发剪完。

半年后，那位顾客又来了，他笑眯眯地对刘岩说："上次因为在你这里剪头发而耽误了生意，我曾发誓再也不来这里剪发了。但后来发现其他理发店剪出来的效果都没有这里好。现在，我和我的朋友们只认你这一家理发店。"

一个仅仅满足于 60 分的人，是不可能达到 100 分的，甚至连 60 分也达不到；而一个以 100 分为目标的人，往往能够拿到最好的成绩。只满足于把事情做对而不思进取的人，只会变得越来越弱；若将目标定为把事情做好并精益求精，往往更能获得卓越的业绩。

全心全意、追求完美，正是工匠精神的体现。一个人无论从事何种职业，都应该全心全意、尽职尽责，这不仅是工作的原则，也是生活的原则。拥有工匠精神无论对自己还是对企业，都是一种"双赢"的局面。所以，我们每一位员工都要有信心进行不懈努力和不断地学习进步，成为"工匠"型人才，为铸造"工匠精神"传递正能量，做一个能做事、会做事、做好事，并创造高效劳动价值的一流员工。

学习匠人精神，贯彻匠人精神，我们要从以下三个方面入手：

（1）要在思想引领上下功夫

以报纸杂志、企业网站以及微信公众号等为平台，不断推送工匠精神解读资料和"大国工匠"的先进事迹，大力营造尊重劳动、崇尚技能、鼓励创造的良好氛围。我们要引领职工以许振超、李斌等"大国工匠"为榜样，牢固树立"对职业的敬畏、对工作的执着、对产品的负责，精益求精，追求完美"的思想观念，打造中国制造品质基石，完成从中低端走向中高端的华丽转身。

(2) 要在政策引领上下功夫

要建立完善的激励措施，对一线员工在群众性技术攻关、技术革新、发明创造等方面取得的科技创新成果及合理化建议进行评比表彰，对晋升技术等级、工资福利待遇、物质奖励和劳模评选等激励措施进行制度性规定，打通员工立足岗位成长成才通道。

除了相应的物质奖励，还可以结合带薪年休假等给予人文关怀，让激励机制真正落地，让技术工人从创新中获益，真正得实惠，进而唤起员工创新责任和主体意识，增强员工主人翁责任感，激发员工创新热情、创新思维和创新潜力，在工作中不当"看客"当"创客"，在企业创新活动中不当"过客"当"常客"。开辟一条员工收获荣誉的"星光大道"，充分调动和激发员工岗位学习、岗位创新、岗位成才、岗位奉献的积极性，不断提升技术技能水平和创新创造创效能力，

(3) 要在提升创新能力上下功夫

一是加强员工培训。针对不同的培训对象，科学设置培训内容。依据岗位特点和工作目标，开展定点、定向、订单式培训，采取培训经验分享、革新成果交流、专业人员授课等形式，提高培训质量，提高员工技术技能水平和创新创效能力。

定期在班组之间、不同专业员工之间组织互动训练，利用企业网络平台、微信群等多种载体，为员工补强更多的理论和技能。开展"导师带徒"等活动。充分发挥好传、帮、带作用，导师传授知识和技能，解决徒弟在实际操作中遇到的问题，帮助他们树立优良的职业道德和思想作风，提高专业技术水平、岗位操作技能，使"大国工匠"的绝技绝活代有传人。

二是构建员工技术创新平台。建立完善"金点子"征集、先进操作法推广、自主创新成果申报等制度，深入开展"五小"（小发明、小创造、小革新、小设计、小建议）竞赛活动，搭建员工"切磋技艺、交流沟通"的平台，培养员工创新意识，激发员工劳动热情，营造"人人支持创新、

人人参与创新、人人推动创新"的良好环境。

商业时代，我们依然需要"匠人精神"，用"匠人精神"激励自己不断前进。

2.

认真仔细，第一次就把事情做好做对

工匠精神是一种精益求精、第一次就把事情做对的科学态度。它不仅培养发现问题的意识，确定和定义问题的能力，更培养解决问题并执行的能力。许多员工做事不精益求精，只求差不多。尽管从表面上来看，他们也很努力、很敬业，但结果却总是无法令人满意。

小张在一家公司做内勤工作，负责公司里的一些杂务。有一次，公司的复印机出了问题，总是卡纸，老板让他找人修理一下。经过修理人员的检查，发现原来是搓纸轮老化造成的。修理人员更换新的搓纸轮后，复印机可以正常运转了，但修理人员发现复印机的定影器也有点问题，问小张是否需要更换一个新的。

小张认为既然复印机现在已经修好了，也就没必要再动别的零件，再说自己下午还有别的事要办呢，哪有时间陪他们修这个。他心想，等有了问题再说吧！于是，就打发修理人员快走。修理人员走时，对他说："现在不换，过一两个月后你还是得换！"

一个月后，当老板复印一份重要文件的时候，发现复印机居然彻底不工作了。他大发雷霆，叫来小张："你是怎么办事的！

我的岗位 我负责 我的工作 请放心

上个月才修了一次，现在就不能用了！上次修的时候你彻底检查了吗？"

小张想起了上次修理人员的提醒，觉得理亏，马上打电话让修理人员过来，可对方说路途太远，而且连续几天的工作都安排满了，如果他着急的话，只能他自己把机器拖过去才行。小张只得灰头土脸地找出租车，找人搬机器……

工作中，你是否也和故事中的小张一样，只因为第一次没把事情做对，就要忙着改错或是补救，使工作越忙越乱。轻则浪费大量的时间和精力，重则给公司造成经济或形象损失。想想这些，就能理解"第一次就把事情做对"这句话的分量了吧。

或许有些人会有这样的疑惑：怎么可能第一次就把事情做好呢？人又不是神仙，怎么可能不犯错呢？不是允许合理的消耗吗？不是允许一定比例的废品吗？但是从福特公司的全面质量管理和标准化生产中我们可以惊奇地发现，第一次就把事情做好不仅是可能的，而且是一定要做到的。想想看，整条流水线上，每一个零配件生产出来之后马上就被送去组装，因为没有库存，任何一个环节出了质量问题，都会导致全线停产，所以必须百分之百地"第一次"就把事情做好。

在自我管理上，"第一次就把事情做好"也是一个应该引起足够重视的理念。如果这件事情是有意义的，现在又具备了把它做好的条件，为什么不现在就把它做好呢？"把一点一滴的事情做好"，每个人只有把一点一滴的事情做好了，才可能达到第一次就把事情做对的境界。

"第一次就把事情做对"，并不是说不可以犯错误，而是指对待工作必须有一种坚持第一次就做对，符合所有要求的决心和态度。

有一家电子加工企业，近几年由于营销做得出色，市场的机会也好，订单呈每年40%的速度增加。为此，老板几乎每年都要

第七章
升华责任，以工匠之心把岗位工作做到完美

翻倍地招人和扩大生产线，但不管他的投入多大，在管理上做了多少努力，有一个严重的问题一直影响着他——他的工厂总是不能按期完成任务。因此，很多单子他都不敢接。

他多次召开中高层会议进行商讨，但都无法得出结果，大家普遍反映的就是：随着规模扩大，各种成本，包括时间成本肯定会增加。

正当他们一筹莫展的时候，一位一线员工提出一个大胆的建议：取消返工的流程，将合格率直接与奖金挂钩。

管理层听到这个建议，很是不解。因为取消返工流程，就意味着增加员工的压力，在大家的观念里，还意味着"不可能"。但眼前没有其他办法，老板决定试试。结果，出乎大部分人的意料，取消返工流程后，员工的实际反应是：第一次就把工作做对竟然如此简单！

短短三个月后，这家企业的产量实现了翻番，而产品质量并没有受到任何影响。

"第一次把事情做对"，是用来衡量是否达到要求、是否执行到位的标准，也是时时刻刻警醒我们要尽最大的可能，在接手每一份工作时，抱着"一次就做对"的执行信念。第一次就把事情做对，是提高工作效率的第一步。它会节省很多的人力、物力、财力，使我们少走很多不必要的弯路。

一个人要想在某行业中领先，就必须抛弃"差不多就好"的工作标准，秉承"第一次就把事情做对"的工匠精神，如果你可以达到艺术家的水平，就不要甘心沦为一个平庸的工匠。第一次就把事情做好，就要用高要求和高标准来要求自己，在做事的过程中，争取第一次就把事情做对，不给自己留下再三纠错的后遗症。

也许有人会说："第一次没做好没做对不要紧的嘛，我可以再做第二次、第三次。"是的，第一次没做好没做对可以做第二次，甚至是第三次，

但是这样做既浪费时间又浪费精力。若第一次没把事情做好做对，忙着改错，改错中又很容易忙出新的错误，恶性循环的死结越缠越紧。这些错误往往不仅使自己忙，还会放大到让很多人跟着你忙，造成巨大的人力和物资损失。

我们无论做任何事情都要勤于动脑思考，养成一次就把事情做好做对的习惯。能一次办好的事情，坚决不重复第二次，这是个人能力的充分体现。而工作无头绪，思想不集中，反反复复，拖拖拉拉，则是工作之大忌，尤其是在公司为满足市场需求，需要高质量、高产量和高效率完成任务的时侯，这句话的作用显得尤为重要。为此，初入职场的员工们要认真学习"第一次就把事情做好做对"的精神，深刻领会它的含义，把它作为自己的工作准则，落实到实际工作中去。

"第一次就把事情做好做对"是一种追求精益求精的工作态度。工作的最高境界是符合工作的要求，工作的质量就是事业的生命源泉，"第一次就把事情做好做对"是保证工作质量的基石。

怎样才能一次就把事情做好呢？我们要从"态度"和"习惯"出发：

（1）端正态度

我们都明白"第一次把事情做对"的重要性和必要性，但另一句"人非圣贤，孰能无过"的论调比它更早一步地在思想里扎根了。每当开始着手一个新的挑战，脑海中就会不由自主地浮现出"没关系，第一次做，错了也是正常的""谁会在乎这个呢"等侥幸心理。越是繁琐的事情，这种呼声就越高。明明很清楚做事的要求，却在事前就为自己找好了借口。所以说，态度决定一切，只有抱定自己有能力在第一次就把事情做对的前提下，才能有"对"的行动被实施。

（2）纠正习惯

个人习惯是长期行动的一个惯性表现，只有长期地将每一件事情都在第一次就做对，才能真正养成一个好习惯。纠正自己的习惯是一件痛苦的事，但并不是不能实现，这就好像条件反射，若每开始一件事情，我们脑中都能浮现"我可以一次就把事情做对"这句话，到了最后，就会直接用行动而不是话语来实现这个理念，到了这里，一个良好的习惯便被养成了。

3.

负责任的"匠人"，积极主动地工作

积极主动是一流匠人的特质之一，他们总是主动去发现问题，然后找到解决问题的各种好方法，为推动行业的发展做出积极贡献。

寿司之神小野二郎说："一旦选定你的职业，你必须全身心投入你的工作，你必须爱自己的工作，你必须毫无怨言，你必须穷尽一生磨炼技能，这就是成功的秘诀。" 提高技能没有捷径，只有像钉子一样钻进技艺里，不知疲倦，守住寂寞，才能赋予器物以生命，才能给产品注入灵魂。

中央电视台《大国工匠》中专题报道的全国"八大工匠"，顾秋亮就是其中一位。他数十年如一日地追求着职业技能的极致化，靠着传承和钻研，凭着专注和坚守，终于缔造出"大国工匠"的神话。

顾秋亮做学徒的时候没少挨师傅的骂，但骂归骂，聪明灵巧的顾秋亮仍然是师傅们眼中的一块好材料。就像对待一块优质钢板一样，要制作成高精度的零件，就得一下一下、一层一层地用锉刀锉磨。顾秋亮专心于技术，用最扎实的办法练习基本功。

一把锉刀一握就是43年，回忆起当年的练功，顾秋亮感慨不已。那时，师傅要求他用10厘米大小的方铁，锉成一块5毫米厚薄的铁板。为此，他连锉了十五六块方铁，锉刀都用断了几十把，回家拿筷子时手都在发抖。

一遍遍地锉钢板，一遍遍地动脑筋琢磨，渐渐手里的活儿有了灵性，做的工件全部免检，"顾两丝"的名号也渐渐被叫响了。

俗话说的好，台上一分钟，台下十年功。成功的背后隐藏着泪水与汗水，唯有穷尽一生磨练技能，坚守、专注，方能成为一流的工匠。

有成功潜质的匠人，总是自动自发地为自己争取最大的进步。只有积极主动地做事情，才会让雇主惊喜地发现你实际做得比你原来承诺的更多，而你更有机会获得加薪和升职。

张小姐在一家超市工作，她一直认为自己是一个非常优秀的员工，因为她完成了自己应该做的事——记录顾客的购物款。于是，她向经理提出了升职加薪的请求，没想到经理竟然拒绝了，理由是她做得还不够好。

有一天，张小姐和往常一样，做完了手头的工作，正和一个同事闲聊。这时，经理走过来，环顾四周，然后示意张小姐跟他走。经理一句话也不说，开始清理地面上的垃圾，然后，她把所有的东西全部归类并清扫。张小姐惊奇地看着这一切，逐渐醒悟过来：经理是想让我做这些事！可是，从没有人告诉我要做这些事啊！即使是现在，谁也没有说过。

这就是自身缺乏工作的主动性。所谓主动，就是在没有人要求、驱使的情况下，能够自觉并出色地做好需要做的事情。在竞争异常激烈的时代，被动意味着挨打，主动就可以占据优势地位。

积极主动是一个员工在工作中应该持有的态度。比尔·盖茨曾说过：

第七章
升华责任，以工匠之心把岗位工作做到完美

"一个好员工，应该是一个积极主动去做事，积极主动去提高自身技能的人。这样的员工，不必依靠管理手段去触发他的主观能动性。"

成功的机会总是在寻找那些能够主动做事的人。只有当你主动、真诚地提供真正有用的服务时，成功才会随之而来。每一个雇主也都在寻找能够主动做事的人，并以他们的表现来奖励他们。

主动是一种态度。在日常工作中，同样的工作岗位，同样能力的不同员工去做，往往会出现截然不同的工作结果，究其原因就是主动工作和被动执行的结果。

任何一个企业都迫切地需要那些积极、主动的员工。积极主动是优秀员工的显著标志。优秀的员工往往不是被动地等待别人安排工作，而是主动去了解自己应该做什么，做好计划，然后全力以赴地去完成。主动工作、积极进取的员工，才能尽快在职场中找到自己的位置，并获得成功。

拿破仑说过："自觉自愿是一种极为难得的美德，它能驱使一个人在不被吩咐应该去做什么事之前，就能主动地去做应该做的事。"主动工作的最大意义在于，你在做那份工作时不再像以前那样被动，你会更加用心地把它当作自己的事情来做，做起来很有激情，并能从中获取快乐、成就与满足感！

一家公司的营销部经理带领一支队伍参加某国际产品展示会。在开展之前，有很多事情要做，包括展位设计和布置、产品组装、资料整理和分装等，需要加班加点地工作。可营销部经理带去的那一帮安装工人中的大多数人，却和平日在公司时一样，不肯多干一分钟，一到下班时间，就溜回宾馆或者逛大街去了。经理要求他们干活，他们竟然说："没有加班费，凭什么干啊。"更有甚者还说："你也是打工仔，不过职位比我们高一点而已，何必那么卖命呢？"

在开展的前一天晚上，公司老板亲自来到展场，检查展场

我的岗位 我负责 我的工作 请放心

的准备情况。到达展场，已经是凌晨一点，让老板感动的是，营销部经理和一个安装工人正挥汗如雨地趴在地上，细心地擦着装修时粘在地板上的涂料。而让老板吃惊的是，其他人一个也见不到。见到老板，营销部经理站起来对老总说："我失职了，我没有能够让所有人都来参加工作。"老板拍拍他的肩膀，没有责怪他，指着那个工人问："他是在你的要求下才留下来工作的吗？"

经理把情况说了一遍。这个工人是主动留下来工作的，在他留下来时，其他工人还一个劲儿地嘲笑他是傻瓜："你卖什么命啊，老板不在这里，你累死老板也不会看到啊！还不如回宾馆美美地睡上一觉！"

老板听了叙述，没有做出任何表示，只是招呼他的秘书和其他几名随行人员加入到工作中去。当参展结束后，一回到公司，老板就开除了那天晚上没有参加劳动的所有工人和工作人员，同时，将与营销部经理一同打扫卫生的那名普通工人提拔为安装分厂的厂长。

那一帮被开除的人很不服气，来找老板理论。"我们不就是多睡了几个小时的觉吗，凭什么处罚这么重？而他不过是多干了几个小时的活，凭什么当厂长？"他们说的"他"就是那个被提拔的工人。

老板对他们说的是："用前途去换取几个小时的懒觉，是你们的主动行为，没有人逼迫你们那么做，怪不得别人。我可以通过这件事情推断，你们在平时的工作里也偷了很多懒。他虽然只是多干了几个小时的活，但据我考察，他一直都是一个积极主动的人，他在平日里默默地奉献了许多，比你们多干了许多活，提拔他，是对他过去默默工作的回报！"

一个优秀的员工永远不会缺乏主动工作的精神，他永远都会保持自动自发的态度，他懂得为自己负责，更懂得要为领导负责，为公司负责。

主动工作是优秀员工的必备素质。主动工作不仅会让你超越别人,更为重要的是,它还会让你百倍地发挥自身潜力,超越自我。当你做到了积极主动,超越了自我,就会发现,加薪和升迁原来很简单。我们要如何转变自己的态度,积极主动地工作呢?

(1) 明白积极主动是一种责任

积极主动就是一种责任,既然选择了这份工作,我们就必须去爱它,为它奋斗。在生活上、工作上都应做一个受人尊重的人。说到尊重,你首先必须尊重自己,在工作上干出自己的成就,别人才会看得起你,才会去尊重你。当然了,我们还得必备好的人格,有句话是这样说的:"一个人的成败取决于一个人的人格。"做人要有素质,做事应有道德,学会自动自发。

(2) 明白你是在为自己工作

工作上要抱着"我们都是在为自己工作"的想法去工作,选择了一份工作,我们就必须尽心尽力地去为它付出,不要总想着是在为领导工作,如果那样想的话,工作永远也做不好,也不会得到领导的重用。不管是什么工作,都要抱着自动自发的态度去做,摆正好自己的态度,摒弃那些不好的想法、做法,要知道自己所做的一切努力都是为自己。在工作上我们还需要持之以恒,遇到困难千万不要退缩,要勇于克服困难,在困难中吸取经验,要不断地磨练自己丰富自己。

在现代职场中,过去那种听命行事的风格已不再受到重视,积极主动工作的员工将备受青睐。一个积极主动的员工总能把心思全部用在工作上。在工作中,他们往往能发现问题,并通过认真研究,找到解决问题的最好方法,获得工作所给予的更多回馈。

我的岗位 我负责 我的工作 请放心

4.

"差不多"先生小姐们请注意，机会正在远离你

每个企业都可能存在这样的员工：他们每天按时打卡、准时上班，但是却没有及时完成工作；他们每天早出晚归、忙忙碌碌，却不愿精益求精，把工作做到位。越来越多的员工只管上班，不问贡献；只管接受指令，却不顾结果。他们应付差事，把事情做得"差不多"成了他们的行为准则。

究其原因，就是"差不多就行，何必太认真呢"这种工作态度在作祟。

在我们的企业、组织机关里，"差不多先生"可以说是无处不在，无时不有。打包不方正，差不多就行了；检验疵点没标识，差不多就行了；管理人员检查考核不认真，差不多就行了；不肯算细账，质量差点、成本高点、价格低点、利润少点，差不多就行了；遇事不肯斤斤计较，不求过得硬，只求过得去，对人对己差不多就行了。

差不多的工作态度是不负责任的表现，其结果是工作马马虎虎，敷衍了事，产品送到客户手上，不是退货，就是索赔。工厂失去客户，丢掉市场。甚至还让到手的升迁机会擦身而过。很多时候，"差不多"就是差很多。我们来看下面的例子：

1993年全国小麦价格开始上涨，一家私营面粉厂的业务员来到小麦产区采购小麦，这时产区的一些粮库大多是待价而沽，不想卖粮食。经不起业务员的纠缠，粮库的负责人说："粮食有的是，卖给你也行，一吨1000元，你要不要？"

这位业务员拿不定主意，他不知道自己出来这半个多月全国的小麦涨到什么价钱了，于是给公司老板发电报问："一万吨小麦，每吨1000元，价格高不高？买不买？"

老板看到电报后生气地对秘书说："真是乱弹琴，哪有这么高的价格，现在最高的价格也不到900元，给他发电报，就说价格太高！"

秘书赶紧跑到邮局发了个电报："不太高。"

没几天，业务员带着签订的购销合同回来了，老板莫名其妙，追查原因才知道，秘书发电报时，"不"字的后面少了个句号。如果履行合同势必给公司带来100多万元的经济损失，后来经过多次协商，最终赔偿了对方15万元才算了事。本来，老板打算给这个秘书加薪的，发生了这件事，老板愤怒地辞退了秘书。而被辞退的秘书在当地再也无法找到工作，不得不远走他乡。

是啊，"不太高"和"不。太高"不是差不多吗？可是就因为差了一个小小的句号，意思却相差十万八千里，这位"差不多先生"也只好背井离乡了。

从上面的例子可以看出"差不多"有时会差很多。无论是相差0.1毫米还是0.1秒，都是毫厘之差，天壤之别。比如在竞技场上，冠军与亚军的区别，有时小到肉眼无法判断。短跑的第一名与第二名有时可能相差0.01秒；又比如赛马，第一匹马与第二匹马相差仅半个马鼻子，几厘米而已。但是，冠军与亚军所获得的荣誉与财富却是天壤之别，全世界的目光只会聚焦在冠军身上。

在工作中，"差不多"的心态容易造成细节上的疏忽，而细节的疏忽常常引起很大的麻烦。因此，我们要时刻注意细节，防止因为细节造成不必要的麻烦。

婷婷是我们公司的一名文案，几乎每天都要做活动策划、写方案、排版、校稿等文字工作。几天前她为三大杂志校稿，其中两篇在洋洋洒洒千字的文章里，都提到了市场满意率，一本写的是99%，另一本却是98%。当时她认为既然文章分属两本不同的杂志，问题应该不大，差不多就行了，就没有标识出来，也没有询问就直接呈交副总审核。

她自信审得很仔细应该没有纰漏，结果15分钟后副总还是拿了几条修改意见给她，令她惊讶的是，其中副总列出了那两个关于满意率的问题。

"杂志不可能面面俱到，但他们要时刻注意细节，不要感觉差不多就行了，虽然是不同的杂志，如果刚好读者都看了不是要引起误会吗？"

的确，忽略任何的小细节都可能引起不必要的麻烦。在她眼中，副总是不折不扣的大忙人，每时每刻都在工作。但即使是在分身乏术的情况下，副总依然对每件事精益求精，就好像这两个埋没在千字文里的小小百分率，再细小的纰漏也照样揪出来。让她个人觉得难能可贵的是这位副总始终保持着异常活跃的思维，能在既有的宣传模式里不断挖掘视觉亮点，有的想法甚至连她这个"80后"都惊叹不已。

重视细节，在细节上精益求精的人，是绝不允许自己的产品有一丝一毫的瑕疵、有一星半点的不完美的。这方面，日本的工匠表现尤为明显。他们对自己的作品要求极严，对自己的手艺，拥有一种近于自负的自尊心——我做的一定是最好的。这种自尊心，让他们对于自己的手艺要求苛刻，并为此不厌其烦、不惜代价，但求做到精益求精，完美再完美，并为自己的优秀作品而自豪和骄傲。如果有出自自己的不合格产品流通到市面上，会被看成是"匠人之耻"——而恰恰是这种自负、这种羞耻文化，才造就了今天的日本。在他们的字典里，绝没有"大概""差不多"这样的词汇，只有极致，只有完美，只有达到极致的精确，不允许有一丝一毫的瑕疵和误差存在。

第七章
升华责任，以工匠之心把岗位工作做到完美

在日本东京银座的一家西餐厅里，有40多年资历的主厨重滨先生，正在判断肉排炸好了没有，除了看炸粉的颜色，听油炸的声音也很重要。接到客人点的菜单，他就把准备好的肉片用刀背捶打，撒盐、胡椒和一种叫做木瓜酵素的天然调味料，使肉质变软，最后沾粉油炸。

对工序流程的精准要求，在重滨身上就可看出。哪怕只是简单的油炸肉片，他都严把关口，不管是选料、洗涤、备料、腌制、油炸还是起锅，每一道工序都严格按照标准操作，规范而严谨。油炸这道最后工序，是决定炸肉排"只是好吃"，或是"很好吃"，或是"非常好吃"的关键。重滨使用的是一口直径半米的大炸锅，油温保持在160度到170度之间。起锅前把温度加到180度让炸肉排香脆而不油腻。客人常点的"炸牡蛎"和"炸螃蟹奶油肉饼"，油炸难度最大，一不小心就会失却焦脆和鲜嫩的口感，但重滨炸出来的菜品，却都有极致的口感，都会让客人感觉非常好吃。

精确到苛求、完美到极致，精益求精、精雕细琢，不允许有一丝一毫的瑕疵，这样的态度，才是真正工匠的态度，是追求极致和完美的态度。

这种精益求精、追求极致的思维可以有效地杜绝那些"大概""差不多"的思想，杜绝得过且过、"瑕不掩瑜"的想法，可以让互联网时代的企业和员工更严肃地对待细节，对待小事，对待那些细枝末节和容易被人忽略的微观之处。因为很多时候，细微的瑕疵恰恰可以毁掉几近完美的产品，让产品和企业都一败涂地。

比如网络建设得怎么样，覆盖完备还是不完备，都直接影响用户体验。客户并不是感知不到其后台建设维护工作，相反，用户对自己的体验感知得非常真切。比如在一条信息高速公路上，99%的区域都覆盖了信号，通话流畅、上网速度快。但是，那1%的区域通话会掉线，甚至会有无信号

我的岗位 我负责 我的工作 请放心

的状态提示。那么用户便会觉得不爽，可能下一刻他就去选择其他的通信运营商了。又或者用户用了许多年或者许多次也从来没有出过差错，但是如果在某天他正急着处理某一件大事时忽然断了线、没有了信号，哪怕只是万分之一的差错，用户也会因此而大失所望，弃你而去。可见，仅仅1%的差别就能影响很大。别看这些小细节，一旦出错，后患无穷。

精益求精，不允许有一丝一毫的瑕疵，说到底，是一种责任感。就是保证对用户存有敬畏之心，不能拿用户当小白鼠，让有瑕疵的产品或是服务流入市场。在"互联网+"时代，产品的任何瑕疵都会被用户无限放大，进而造成无可挽回的损失。唯有精益求精，才能不断提高质量，不断走向完美。

也许在生活中，"差不多先生"对样样事情都看得破、想得开、不计较，能算作是一个"老好人"。不过在职场上，"差不多"的心态却是必须要杜绝的，因为每位员工都是团队的一分子，如果每个人都是"差不多先生"，不仅会导致组织难以获得利润，甚至还会因不慎而造成重大事故。

"差不多"现象的存在和蔓延，既害了他人，更害了自己。因此，这种"差不多"心态要不得！我们每个人、每个企业，都要努力避免陷入这个误区。无论做什么事情，都要多问自己几次"真的可以'差不多'吗？差的那一点会给自己、给公司、给顾客带来什么危害？"只有如此，我们才能彻底告别"差不多先生"，真正杜绝"失之毫厘，谬以千里"的工作失误。那么，我们在工作中要怎样避免"差不多"心态呢？

（1）训练自己归纳整理的能力

在手头的工作一团乱麻时，不要急躁，不要有"算了算了，就这样吧，反正做不做都差不多"这样的想法，一定要学会理清事物的头绪，让自己的头脑保持清醒。比如，放弃自己以前一目十行的看书习惯，沉下心把速度放慢，想一想整件事情是按照怎样的条理被叙述清楚的，人物和人物，事件和事件是如何联系起来的。必要的时候画个图表帮助自己分析。

（2）强迫自己服从"顺序"

在一件事情没做完以前不要贸然开始下一件，如果有另一件事情插入，就用个本子记下来，手头的事情完成以后，再接着做下一件。如果十万火急，非中断不可，就在中断的位置做下记号，总之，一项一项地完成，一项一项地落实，有时候"强迫症"也是个好习惯。

（3）不要偷懒，认真检查

不要偷懒，不要有差不多就行了的想法。一开始，就要设定把它做到怎样的深度，然后定下计划，不打折扣地做完。在工作完成之后，争取自己检查一遍，有条件，再让别人帮忙审核。

5.

用一颗执着的心，让"不可能"成为"可能"

工匠精神里包含敬业精神。所谓敬业，就是指一个人不管从事什么工作，只要专心致志，持续去做好这一件事情，就能成为这个工种的关键人才，这个行业的技术专家。

一个具有敬业精神的人，他会积极主动地学习与本专业相关的知识，并用这些知识去工作，与此同时，他还会用完美极致的态度认真对待自己的工作，倾其一生，最终成为这个专业出类拔萃的人才。

但也有很多人认为自己的能力欠缺，想要成为本专业出类拔萃的人根本不可能。也有一部分人认为，每天机械地重复同一种工作，是非常单调

我的岗位 我负责 我的工作 请放心

乏味的,就连坚持下去都需要勇气,更不要说在这个行业做出成绩来了。

正是有了这两种情绪作祟,很多人都会消极悲观,认为自己一生只做一件琐碎单调的工作,永远也不可能成大事。而事实上,坚持做一件事情,敬业,并持之以恒,更能获得成功。在这里我想讲一讲我的偶像李昌钰的故事。

李昌钰是国际著名的华裔刑事鉴识专家。他在一生中,把许多看似不可能的事情,变成了可能。他出生在台湾,儿时家境贫寒。因此在他报考台湾警官学校时,很多人都劝阻他,毕竟警官也是一个热门职业,而且这所学校又是台湾的免费学校,自然会有很多人想进去!但进去的名额是有限的,家境贫寒的李昌钰怎么进得去?李昌钰并没有反驳那些劝阻他的人,只是坚持做自己认准了的事情。经过努力,他考进了台湾警官学校,成为当时台湾最年轻的一名警官。

李昌钰用坚持做一件事情的精神,把不可能变成了可能,这让很多人都惊得跌破了眼镜。后来他又做成了在很多人看来都不可能的事情,让所有人都对他刮目相看。

做了一段时间的警官后,李昌钰决定去美国念大学。又有很多人站出来劝阻他,说他的学历想要进美国大学,是相当有难度的!李昌钰听到这些言论,只是一笑而过。他申请了美国大学,然后努力满足各项要求。最终,他顺利进入美国大学,仅仅用了一年时间就取得了博士学位。

拿到博士学位后,他开始做研究。许多人劝他回台,毕竟华人在美国想要成为教授是一件非常困难的事情,几乎不可能实现。而李昌钰用三年时间成为了美国一名终身制教授。同样因为他的华人身份,很多人认为他不可能进入美国司法鉴定中心工作,但李昌钰不但成了鉴定中心的主任,而且在这个职位上工作了20年。

李昌钰之所以能够把一个个"不可能"变成"可能",就是因为他始终坚持做一件事情,并用敬业和认真的精神去做这件事情。他凭着这种精神破解了20年悬而未解的疑案,也凭着这种精神让一个被误判背负18条重罪的人重获自由,还凭着这种精神,让肯尼迪家族成员洗清了冤屈获得清白。在李昌钰破获的8000多件全球各类案件中,许多都是美国历史上重要的案件,是他的介入破获了这些案件,并因此改变了美国的司法体系。

谈起自己的一生,李昌钰很是感慨,他说:"当我还是台湾的一名小警察的时候,谁会想到我能够成为一名鉴识专家呢?这是根本不可能的事情啊!但我做到了。我凭借的,无非就是坚持做好一件事情而已。"

"人的一生就像一个漫长的爬坡,有着高低起伏,高的时候不应该骄傲,低的时候也不要气馁。"在那些试图将"不可能"变成"可能"的昼夜里,李昌钰一直用这句话来鼓励自己。一个人只要目标清晰、意志坚定,再加上认真学习的态度,就一定能够将不可能变为可能,成就自己的人生。

"衣带渐宽终不悔,为伊消得人憔悴",那些令人钦佩的匠人们之所以将自己毕生岁月奉献给一门手艺、一项事业、一种信仰,源于他们对目标的执着。任何时候都不抛弃,不放弃,执着坚守,让一切"不可能"都成为了"可能"。

一位园林学的教授带着一班学生在山坡上发现了一朵非常罕见的绿色野玫瑰花,惊为奇迹。这种颜色的花朵太难得了,要是能培育出这样的花朵,足可以得到园林界的最高奖,等于是园

我的岗位 我负责 我的工作 请放心

林界的诺贝尔啊！于是教授就在这里找到一户农家作为基地，开始全力培育这种罕见的绿色玫瑰。学生们都跃跃欲试，雄心勃勃，要知道，真的培育出这样的玫瑰，那会是园林界的奇迹。

不过，这绝不是一时半会儿能做成的事情，采下这朵绿色花的种子，种下，待开花后再选都有绿色的花朵杂交，再选种、杂交，再优选，就这样一年一年做下去，只到最后，培育出纯净绿色的花朵来。但是一次又一次选育，一年又一年培育，花朵上却始终有其他的颜色。三年过去了，学生们渐渐少了，五年过去了，学生们很少来了，再往后，教授也不来了。这个基地彻底作废，这个项目无疾而终，再没有人关注。

谁也没想到，二十五年过去了，教授老了，学生们也都人到中年。忽然有一天，一位普普通通的老太太找到大学，给教授送来了一盆纯净的、鲜艳的绿色玫瑰花！教授目瞪口呆，惊问她怎么做到的。

原来这位老太太正是当年教授他们选定基地的农家主妇。她说："我看你们做，也学会了。这二十多年来，我一直按照你们的方法，每到玫瑰开花的季节，就选带有绿色的花来杂交、选育，一年一年这样做，终于育成了绿色的玫瑰。你看，很漂亮吧！现在满山坡上都是绿玫瑰哩！"

教授无声地叹了一口气！原来要获得世界上最珍贵的花并不那么难，只是需要足够的时间、足够的耐心和足够的执着啊！

是的，要做好一件事情，就要执着到底，就要不抛弃不放弃，就要专心其中，就要倾尽心力。一生专注一件事，一辈子把这件事做到底，执着坚持，不抛弃不放弃，最终成功就会属于自己。

一生就做一件事，也是把这件事做好的前提。昆虫学家法布尔说过一句话："把你的精力集中到一个焦点上试试，就像凸透镜！"如果一个人能如聚光镜一般将自己一生的力量和智慧聚焦起来，那么他的人生无疑会放大光彩，直至照亮朴实的一生。

  2011年，美籍华裔科学家丁肇中到中山大学访问。面对记者的一系列提问，他"一问三不知"。因为这15年来他"只做了一件事"，那就是在宇宙间寻找反物质。

  一位杰出的物理学家，一位令人敬仰的科学家"一问三不知"，这似乎有点不可思议。然而，他的"不知道"却给我们留下一个珍贵的启示：一辈子用心做好一件事。

  据丁肇中自己说，他100%的时间都在实验室度过，只做实验。跟他一起工作的有600多位教授，丁肇中的唯一要求是只谈论与物理有关的内容，其他事情他都不了解。

一辈子专注于研究物理，其他的事情"一问三不知"，是丁肇中获得成功的密码。人的一生，要做的事，大事小事，数不胜数。能自始至终地执着于一件事的人绝不是平庸之辈。

  数学大师陈省身有一个信条："一生只做一件事。"他对人说：自己只会做一件事，就是研究数学。他要求自己：一生做好一件事。他爱数学，有一个原因是：数学简单，只要一张白纸和一支笔就行。

  陈省身生活在红尘之中，浮嚣之声一定会传到耳朵里。但是，当他面对一道道数学题，面对白纸或黑板时，他会如老僧入定一样，把这个尘世都摒绝于外。于是，他的生命能量发挥到极致，他的一生得到最大的成功。

我的岗位 我负责   我的工作请放心

数学可以如此，其他行业也可以。当一个人静下心来，就可以把自己的学问、事业"简化"成白纸和黑板。

每一个"造物有灵且美"的大师，每一个对生活有极致追求且执着于自己所爱的人，都在推动着社会审美，都在夯实着人类文明。平凡的生活因执着与热爱而注入情怀，每一天都会怀抱着诗与远方，没有苟且。

成功需要坚持，需要对自己的目标执着坚守，永不放弃，不管遇到多大的困难，不管在别人看来多么的不可能。三心二意、见异思迁才是成功的大忌。

"心心在一艺，其艺必工；心心在一职，其职必举。"只要你能够倾一生的时光与精力、倾一生的思维与智慧、倾一生的执着与追求，黾勉苦辛，朝乾夕惕，不气馁、不放弃，把自己所从事的工作做到完美、做到极致，成功一定属于你。那么，我们该如何做到这些呢？

（1）运用积极目标的力量

这种方法的含义是什么？就是当你给自己设定了一个要自觉提高自己注意力和专心能力的目标时，就会发现，在非常短的时间内，集中注意力这种能力有了迅速的发展和变化。

我们要在训练中完成这个进步，就要有一个目标——从现在开始我比过去善于集中注意力。不论做任何事情，一旦进入，能够迅速地不受干扰。这是非常重要的。比如，我今天如果对自己有这个要求，我要在注意力高度集中的情况下，将这个目标达到。当有了这样一个训练目标时，注意力就会高度集中，你就会排除干扰。

（2）增强对专注力的培养

有了这种目标，你就会给自己设置很多训练的科目，训练的方式，训练的手段。就会在很短的时间内，甚至完全有可能通过一个时期的自我训练，发现自己和书上所赞扬的那些大科学家、大思想家、大文学家、大政治家、大军事家一样，有了令人称赞的注意力集中的能力。

（3）善于排除内心的干扰

在这里要排除的不是环境的干扰，而是内心的干扰。环境可能很安静，在办公室，周围的同事都在专心致志地工作，但是，自己内心可能有一种骚动，有一种干扰自己的情绪活动，有一种与这个工作不相关的兴奋。对各种各样的情绪活动，要善于将它们放下来，予以排除。

有的时候并不是周围的环境在骚扰你，而是你自己心头有各种各样浮躁的东西。要去除它们，这个能力是要训练的。如果你就是想浑浑噩噩、糊糊涂涂、庸庸碌碌过一生，乃至到了三十岁还要靠父母养活，或者你就是想混世一生，那你可以不训练这个。但是，如果你确实想做一个自己也很满意的现代人，就要具备这种事到临头能够集中自己注意力的素质和能力，善于在各种环境中不但能够排除环境的干扰，同时能够排除自己内心的干扰。

世上无难事，只要肯登攀。相信自己，只要有一个执着的心，没有到不了的远方。

第八章 超越责任，在责任中不断进步不断提升

有位哲人说："一个人如果满足于现状，不去寻找提高自己的途径和方式，那生命之火也必将渐渐熄灭。"这告诉我们，人不但要善于抓住机会，让自己获得提升，更要勇于挑战自己的极限，在极限中寻求质的飞跃。

无论大企业还是小企业，无论是领导还是个人，不在创新中发展，就在等待中失败。创新是如今获得成功最重要、最不可缺少的动力。注重创新的企业也一定会"创造"出更多优秀员工。

我的岗位 我负责 我的工作 请放心

1.
用责任心鞭策自己不断学习进步

对于一个人的成长来说,学习是十分重要的。从不懂到懂,直到成为专业能手,就是一个不断学习实践的过程。不学习将失去竞争力,好员工永远把"学习、学习、再学习"作为自己的座右铭。在勤奋和好学的基础上,员工也自然而然会在实际工作中发现新思路、新做法,这样的员工才称得上是优秀的员工。

在当今社会中,知识有两大特点:一是积累较多,知识量大,多得让人眼花缭乱、目不暇接;二是增长快,发展快,快得千变万化、日新月异。这大大加快了人力资本的折旧速度。今天,西方白领阶层流行着这样一条知识折旧定律:"一年不学习,你所拥有的一切知识就会折旧80%。"

因此,唯有持续不断地学习才能跟得上时代发展的步伐,工作能力才能够适应社会竞争的需要。现在中国已加入了世界贸易组织,贸易已与国际接轨,企业若是再固步自封,就会被进入中国市场的国际企业挤垮,要是不清楚国际贸易规则,不会灵活运用这种规则,就很容易在贸易中陷入被动,甚至会给公司造成巨大损失。

基于对企业的责任,对工作的责任,我们应当自觉地学习新知识、新技术以及新经验,不断提升个人的工作能力,让自己不管面对如何复杂与困难的局面和形势,都能将一项项计划或者任务完成,并且力争做到完美。否则,你随时都有可能被淘汰。若你继续吃老本,不愿意主动替自己"充电",不管你到哪家企业,也无法避免再次被淘汰的命运。

第八章
超越责任，在责任中不断进步不断提升

当然，最佳的学习方式，还是在工作中学习。你不妨将工作中遇到的难题当做突破口，从中学习解决问题的方法与有关知识，并总结经验，从而提高个人的工作能力。这种学习方法不仅非常有效，而且也是最节约成本的。

卡莉·费奥瑞纳女士是惠普公司前董事长兼首席执行官，她的职业生涯是从秘书工作开始的。那么她是怎样提升自我价值、迈向成功，并最终成为"全球第一女CEO"的呢？

她的答案是坚持不懈地在工作过程中学习。

法律、历史和哲学方面的知识她都曾经学过，可这些并不是卡莉·费奥瑞纳最终成为CEO的重要条件。虽然她不是学技术出身的，但是她通过自己坚持不断的学习却在这个属于男人的世界中脱颖而出。

卡莉·费奥瑞纳曾说："一个CEO成功的最起码的要素就是要不断学习。在这里所说的不断学习，就是要不断地总结工作中的经验，对于新的环境和层出不穷的变化要不断地学会适应，不断总结过去的工作方法，以便找出更佳的方案。最初，我也做过一些不起眼的工作，可我还是以自己的兴趣为出发点，找到了最适宜自己的位置。原因就是只有我的工作与我的兴趣相符，我才能以最大的热情在工作中最大限度地学习新的知识和经验。

在惠普，并不是只有我自己需要在工作中不断学习，整个惠普都有激励员工学习的机制，大家每过一段时间就坐在一起相互交流学习，以此来熟悉彼此和了解整个公司的动态、业界的新动向。正是这些小事情，保证了大家与时代共进的步伐，并在工作中找到充实自己、不断提升自身才能的方法。"

天生就具备领导能力的人是罕见的，也可以说没有，一个人只有在工作中坚持学习，不断积累实践经验才能走向成功，才能成为一个真正成功的领导者。

李嘉诚是亚洲首富。曾经有位记者这样问李嘉诚："今天你拥有如此巨大的商业王国，靠的是什么？"李嘉诚回答说："依靠知识。"有位外

我的岗位 我负责 我的工作 请放心

商也曾经问过李嘉诚："李先生，您成功靠什么？"李嘉诚毫不犹豫地回答："靠学习，不断地学习。"的确，不断地学习知识，是李嘉诚成功的奥秘！

李嘉诚勤于自学，在任何情况下都不忘记读书。青年时打工期间，他坚持"抢学"，创业期间坚持"抢学"，经营自己的"商业王国"期间，仍孜孜不倦地学习。一位熟悉李嘉诚的人说，晚睡前是他雷打不动的看书时间，他喜欢看人物传记，无论是在医疗、政治、教育、慈善哪一方面，对全人类有所帮助的人他都很佩服，都心存敬仰。早在办塑料厂时他就订阅了英文的塑料行业期刊，既学英文，又了解世界最新的塑料行业动态。应该说在当时，懂英文的华人在香港社会是"稀有动物"。也正是因为懂得英文，使得李嘉诚可以直接飞往英美，参加各种展销会，谈生意可直接与外籍投资顾问、银行的高层打交道。如今，尽管李嘉诚已事业有成，但仍爱书如命，坚持不懈地读书学习。

其实，我们所说的在工作中不断学习并不是必须脱离本身工作。如果想要学习的话，在工作过程中学习也是一样的，只要想学、用心刻苦努力，就肯定能学好。假如你对自己的工作非常感兴趣并十分热爱它，那么值得学习的东西随时随地都能在身边被发现。学会了这些东西，你的能力、技能都会随之提升，工作也将完成得更加完美。

人的能力和智慧都是随着工作中不断的努力学习得以提升的，无论现在的我们处在什么职位以及哪个职业阶段，都必须坚持学习，把我们所做的工作看做是最好的学习课堂。学识和能力是我们人生道路上非常有价值的宝库，能让我们的人生多姿多彩，充实快乐。因此，我们要时刻监督自己不断学习，在责任感的鞭策下，让自己与时代的发展共同前进。

我们不可能一天学成李嘉诚，但是可以每天进步一点，以下是一些学习的方法，希望对大家有所裨益：

（1）**点面结合学习法**

"点"的读书法，实际上是读书的第一阶段。根据学习的需要确定一个大致的攻读方向，以此为前提，广泛地阅读与之相关的书籍。目的在于积累知识，以求对攻读的对象有一个总体的、粗略的印象。"面"的读书法，是以"点"读书为目标的进一步拓宽阶段。就是在对某一学科或技能充分了解，把握了其大致脉络的情况下，再学习与之密切联系的临近学科或技能的知识。就像你先学会了开车后，就能再学习一些修车的技能和知识一样。跨学科、跨专业、跨技能的学习也不是不可以，但可能会使效率降低。知识是触类旁通的。如果学习一些密切相关的知识，就会容易得多，也会使我们知识和技能的广博度大大提升。

广博与精深是知识大厦的两块重要基石，有博无深流于"杂"，有深无博流于"陋"。对于员工而言，广博和精深都是相当重要的。但精深的专业知识和技能对于职场竞争却更为有利。所以，干一行爱一行、学一行精一行，对于员工来说是相当重要的。要记住广博是精深的基础，精深是广博的方向。初学要广，入门要深；知识面要博，钻研点要深。所以员工在读书时一定要懂得把博览群书与术业有专攻结合起来，既要保证自己广泛的阅读面，又要保证在自己专业领域的深入研究。广泛的阅读博览可形成知识的"面"，专业的深度探索读书可形成学科的"点"。二者有机结合就能达到"以点带面，以少胜多"的目的，使我们的学习更有效率，让我们的专业技能突飞猛进。

（2）硬啃猛攻学习法

俗话说"冰冻三尺非一日之寒"。专业知识和技能的掌握，如同人与人相知需要很长时间一样，是需要一个过程的。初看一本经典的书或接触一门新学科时，不是可以一下子理解明白的，这时就需要有水滴石穿的精神，抓住问题不放，用心去攻读。即识别出不易理解、完全不懂的东西，反复去揣摩或查看有关书籍、工具书等，直到弄明白弄通透为止。这就是硬啃猛攻学习法。我们看到一些成名的学者、专家博闻强识，讲起艰涩难懂的书中内容也是招之即来、侃侃而谈。其实他们在学成之前，何尝不是

我的岗位 我负责 我的工作 请放心

孜孜不倦地钻研，付出了坚持不懈的努力来攻读这些书籍的。

钱钟书早在清华读书时，便立志要"横扫清华图书馆"。他博学多能，兼通数国外语，学贯中西，在文学创作和学术研究两方面均成绩卓越，他的渊博是通过其以文学为方向、贯通中外的广泛博览而成就的，他的博学广闻给其文学创作提供了最有效的奠基，赋予了其作品如《围城》《管锥编》无以伦比的魅力。

读书有略读、阅读与攻读之分。工作之余，看看小说，翻翻画刊，属于略读；一般的书籍、报纸和杂志内容浅显易懂，又未必事关紧要，看一二遍就够，这是阅读；至于攻读，那就是另一回事了。"攻"常常表现为难点、难题、不容易理解的道理。攻坚之法，一在于钻研，二在于坚持。长期围困而且炮火猛烈，何愁攻城不下？何愁击石不开？"勤能补拙，水滴石穿"的"硬啃猛攻学习法"对打基础的员工来说，是最务实的读书道理。

（3）笔记法

笔记法是指边读边做笔记。这是一种找出重点，增强记忆与理解力的好方法。边读边做笔记，不仅能更深入地理解书中的内容，帮助员工加深印象，促进记忆，掌握知识。这种方法是很多前人推崇的方法，所谓"不动笔墨不读书"，很好地诠释了笔记学习法的重要性。

笔记法还有一个重要的作用是便于以后的复习和巩固，同时也可以促进员工快速开动脑筋，扩展思维，获得创新的灵感。有很多大科学家的灵感都是在读书时产生的。但记笔记一定要记清楚，不能只言片语或是自己都不知所云，因为灵感总是稍纵即逝，我们当时如果不能记下来，过后就很难追寻。如果笔记潦草，弄得自己都不认识，很有可能这个灵感也就无处追寻了。如果没记清楚，那也一样会让自己甚至后人不知所云，花费更多的精力去研究和破解。比如大数学家费马就犯过这样的错误。

第八章

超越责任，在责任中不断进步不断提升

法国数学家皮埃尔·德·费马1601年出生在法国。当他于1665年1月12日去世时，是当时欧洲最著名的数学家。

一本古希腊数学家丢番图所著的《算术》跟随了费马一生。他在这本书上简单、潦草记下了四十八个评注。这些评注即是一系列数学定理，费马对此要么根本没有解释，要么仅仅给出一点点证明提示。后人的任务便是求证费马潦草笔记的正确性。例如：大于2的任意质数可以表示为4n+1或4n-1两种形式，其中n是某个整数。费马断定第一类质数总是两个平方数之和，而第二类质数永远不能表示成这种形式。质数的这种性质非常简单，但证明这种性质对每一个质数都成立则非常困难。大数学家欧拉经过七年的努力，几乎是在费马去世后的整整一个世纪时，才成功证明。

费马说过，他对其每个评注都有一个证明，所以它们是定理。实际上，在后人证明这些评注之前，它们应该叫猜想而非定理。随着时间流逝，费马猜想一个个被证明，除了"费马大定理"，因而，它也常被叫作"费马最后定理"。这个定理是费马读《算术》第二卷时，在丢番图的第八问题——"给定一个平方数，将其写成其他两个平方数之和"，也被称作毕达哥拉斯定理或勾股定理，它有几十种证明方法。这对费马来说，肯定没有吸引力。后来，他想如果将毕达哥拉斯方程$X^2+Y^2=Z^2$中的X、Y、Z的2次幂升级到3次幂会怎样？他发现方程将没有整数解。他试着将其变为4次幂、5次幂……结果都没有任何整数解。在数的无限世界里，竟没有"费马三元组"的位置，这似乎是不可能的。而费马认为，对于方程$X^3+Y^3=Z^3$以及$X^4+Y^4=Z^4$无正整数解。在此基础上，费马推断出，对于方程$X^n+Y^n=Z^n$（$n \geq 3$）没有正整数解。费马在这个结论的第一个边注后面，用拉丁文写下了令一代又一代数学家为之苦恼的一段

话:"另一方面,不可能将一个立方数写成两个立方数之和,或者将一个数的四次方数写成其他两个四次方数之和。总的来说,对于任何一个数,只要它的幂指数大于2,就不可能写成其他两个同等幂指数的数之和。对于这个命题,我得到了一个非常奇妙的证明方法,但是这里的空白太小,我无法将它们写下来。"就是因为"空白太小",这个谜题就困扰了后人300多年! 300多年时间里一直没有人能得到费马已经想到却仅仅因为"空白太小"而无法记录下来的证明,也一直有人怀疑费马本人是否真的得到了这一命题的证明,但是却从来没有人怀疑过这个定理的正确性。

终于,1995年7月号的《美国数学会通告》上刊出了法尔庭斯的文章,题目是《泰勒和怀尔斯对费马最后定理的证明》。文章开宗明义的以极其肯定的语调宣称:"在本文中所提到的猜想于1994年9月终于被完全证明了!"至此,人们可以肯定地相信,那个困扰了数学家300多年的著名"定理"真正成为了定理!

记笔记是一种很好的读书方法,但一定要把笔记记得清楚明了,不能像费马那样留下悬念,要真是有什么伟大的灵感从此渺不可寻,那可真会让自己懊恼一生了。

(4) 学为所需学习法

知识的海洋浩瀚无边,而人的生命却是短暂有限的,也就是"知无涯,生有涯",无论你多么聪明,天赋多么优秀,也不可能学尽天下的知识,也不可能掌握所有的技能。所以,员工们要记住,要根据自己的工作情况,选学最有用、最适合自己的知识和技能,只有这样,才能学以致用,学有所用,在有限的生命里,学到最多的知识,也让知识帮助我们做出最大的成绩,实现理想!

2.

思考：脑筋动起来，职位活起来

思考是提高执行力的必要途径。执行问题时，如果不能积极思考，将之妥善解决，那么问题就会成为工作的负担。这样，不只是你个人的不幸，更是企业的不幸。

在企业中常常会发生这样的现象：上级交代的工作都直接跟员工说了，但员工却根本不懂得、不善于去领会上级的意图，更不懂得如何安排工作计划、如何整合资源。一个不会替上级分担工作，不懂得思考的人，怎会得到重用。

我们看到更多的现象是，许多工作勉强去做了，但在上下级的关系上发生摩擦。即便完成了工作任务，下级却深感委屈，上级也觉得很费劲。

现实工作中证明了，只有善于主动思考、勤于发现总结并最快掌握了方法的人，才可能获得最快的认可与提升。

> 汤姆和鲍勃一起进入一家快餐店，当上了服务员。他俩的年龄一般大，也拿着同样的薪水，可是工作时间不长，鲍勃就得到了老板的褒奖，很快被加薪，而汤姆仍然在原地踏步。面对汤姆和周围人士的牢骚与不解，老板让他们站在一旁，看看鲍勃是如何完成服务工作的。

我的岗位 我负责 我的工作 请放心

在冷饮柜台前,顾客走过来要一杯麦乳混合饮料。

鲍勃微笑着对顾客说:"先生,你愿意在饮料中加入1个还是2个鸡蛋呢?"

顾客说:"哦,一个就够了。"

这样快餐店就多卖出1个鸡蛋。在麦乳饮料中加1个鸡蛋通常是要额外收钱的。

看完鲍勃的工作后,经理说道:"据我观察,我们大多数服务员是这样提问的:'先生,你愿意在你的饮料中加1个鸡蛋吗?'而这时顾客的回答通常是:'哦,不,谢谢。'对于一个能够在工作中主动发展问题、主动完善提高的员工,我没有理由不给他加薪。"

执行不仅要求我们要有较强的行动力,还要有较强的思考力。如果能够在执行任务的过程中充分发挥自己正确的思考能力,积极地寻找解决问题的办法,那么就会把任务变成自己成长的机遇。

小王和小张同时受雇于一家蔬菜店,试用期的工资是一样的。工作了一段时间后,小王受到老板的提拔涨了工资,而小张却仍在原地踏步。

小张认为老板很不公平,心中充满了不满,一天她向老板提出了自己的质疑。老板一直耐心地听小张抱怨,当小张说完后,老板开口说话了:"小王,你到菜市场上去一下,看看今天有什么新鲜的菜。"

小张很快从菜市场转了回来,汇报说:"只有一个农民在卖白菜。"

"有多少?"老板问。

小张赶快又跑到菜市场,然后跑回来说道:"一共20袋白菜。"

"价格是多少？"老板再次发问。

小张于是又到菜市场问来了价钱。

"好吧，"老板对她说，"现在请你坐到一旁看看小李怎么说。"

小王很快就从菜市场上回来了，汇报说："到现在为止只有一个农民在卖白菜，一共20袋，价格是17元一袋，白菜质量很不错，我还带回来一棵让您看看。这个农民一个钟头以后还将弄来几箱西红柿，他出的价格非常公道，昨天他铺子的西红柿卖得很快，库存已经不多了。我想这么便宜的西红柿您肯定是想进一些的，所以我不仅带回了一个西红柿做样品，而且把那个农民也带来了，他现在正在外面等回话呢。"

此时老板转向了小张，说道："现在你知道为什么小李的工资比你高了吧？"

在老板的不断提示下，小张跑了3次才了解了菜市场的部分情况；而在没有任何提示下，小王仅走了1次，就掌握了老板需要和可能需要的信息。对比起来，小王善于思考，办事高效、灵活，不仅圆满完成了领导交给的任务，还主动给领导提供参考意见和尽可能多的信息，自然得到了领导的赏识和青睐。

作为员工，必须善于动脑思考，提高自己的工作效率，才能获得老板的信任，放心将更重要的工作交给你。具体做法是：

（1）端正态度

懒于思考，只会养成对任何东西都不加思考地发表看法的习惯，这样得出的结论往往是不科学的或者不正确的，因此要端正自己的态度。

（2）经常独立思考

遇到任何问题，不要总是去请教他人或者依赖他人的结论。尝试着自己去发现问题的本质，找出解决的方法，久而久之，便会使思维活跃，判断能力和解决问题的能力也会得到相应的提高。

（3）遇事多问几个为什么

不管到什么地方，遇到什么事，多问几个为什么，积极地寻找答案，时刻梳理自己的思路，养成勤于思考的习惯。

（4）善于归纳，举一反三

经常将自己掌握的知识进行归纳总结，将其中的普遍规律应用到其他的事物上。

（5）对问题要全面思考

考虑问题最忌片面，一定要对任何将要采取的方法都进行全面思考，分析它的利弊以及所有可能产生的后果。

（6）采取最快捷的工作方式

例如，你要通知各个部门召开一个会议，现在有三种方式可供选择：一个人一个人地打电话通知、写信告知、发传真。写信这种传达消息的方式最慢，打电话和发传真同样快；但是如果你打电话时发现要通知的人不在办公室，你则还需要再联系，可能找来找去都找不到，这还是没有达到快捷的目的；但是如果发传真，无论受话人在不在办公室，他（她）们回来时都会看到，这样可以节省再次打电话找受话人所浪费的时间。

总的来说，带着思考去执行，可以及时解决工作过程中存在的问题，从而有所发现、有所发明、有所创造，这对于工作效率的提升也是非常有效的。

3.

创新：换个思路，柳暗花明又一村

做事的时候，我们总是习惯按部就班地去做，很少会去想创新。但是这样只会阻碍公司企业的发展。创新是一家企业发展的灵魂，哪家企业少了创新，就会像丢了魂一样。公司企业是由一个个鲜活的员工组成的，员工们要做的就是尽全力做好自己，勇于突破、敢破敢立，超越自己。

现实生活中也会存在类似的事情，过于拘谨、墨守成规的话，就会拘泥于固有的看法。而没有通过自己的观察去分析，有时反而会和机会失之交臂。每个人都有自己的思维定式，比如当我们做数学题的时候，就会按照一定的套路去解答……当然，这些都是习惯所养成的，习惯成自然，但是有的时候，这是过分拘谨的一种体现，这样的人往往一条道走到黑，不愿意去变通，最后的结果只能是被别人所遗忘。

一艘远洋的海轮遭遇了大风浪，不幸在大海中触礁沉没，船上的成员只有9名幸存了下来，他们爬上了一座孤岛。

9个人把这座孤岛走了一遍，发现这座岛上只有石头，没有其他任何可以用来充饥的食物。不仅如此，岛上天气炎热，9人口干舌燥，但是可以饮用的只有海水。身为海员的他们知道，海水又咸又涩，根本不能用来解渴。于是，9个人就开始等，希望奇迹能够出现，有船只经过此岛，帮助他们脱离苦海。

但是等了好久，都没见有人来，8个人相继死亡，最后的一位船员在快要渴死的时候，实在是忍耐不住，就跳进了海里，拼

我的岗位 我负责 我的工作 请放心

命喝起了海水。这名船员喝完海水之后发现,那里的海水不仅没有咸涩的味道,反而非常甘甜。

就这样,这名船员开始喝那里的海水度日,没过几天,就等来了救援的船只。

后来,科学家来到这里,取了一些那里的海水进行化验,化验结果显示,这些海水根本不是海水,而是泉水,原来,那里不断有地下泉水涌出,而正是这些泉水救活了最后一名船员。

船员给我们好好地上了一课,敢于突破,才能存活,反之,因循守旧的人,只能吞下失败的恶果。不过分拘谨的人是懂得变通的,不会拘泥于自己的方寸之地,而是会把自己的目光放到更广阔的天空中。比如大象,如果把它放到无边的旷野中,它就会成长为强有力的"大力士",能用鼻子钩起一吨重的物品;但如果把它从小放到马戏团里,那么大象即使长大了仍然会安安静静地站在栓住它的木桩旁,原因就是大象从小就被锁链锁住拴在木桩上,就算长大了将铁链换成了绳子,出于思维定式的考虑,大象也不会再去挣扎分毫。社会每天都在发展变化,如果我们不跟随社会的发展而变通的话,就会让自己不断倒退,被社会所淘汰。

职场中的人更是如此,如果只是墨守成规,走别人的老路的话,只会让自己成为别人的附属品,失去了个人价值,最后会被公司的大潮所淹没。很多人把习以为常信奉为一种真理,总是拿别人怎么样怎么样来讲解道理,这样的话就会让我们逐渐失去对事物的创新思维,进而被陈旧的观念所禁锢,难以变通,这样一来,公司就不会注意到你,你就会失去展现能力的舞台,难以有所作为。

麦克和迪克的父亲是一位公司老板。他们两人高中毕业的时候,正好赶上美国大萧条时期,当时很多企业都面临着倒闭,两人的父亲也没能幸免。麦克和迪克无法继承父亲的公司,就出去寻找新的出路。

麦克和迪克经过不断了解，最后选择了经营一家汽车餐厅。在当时，美国餐厅采取的都是家庭经营方式，世代沿袭，没有什么新的突破。虽然两人没有经营餐厅的经验，但是他们两人觉得这是一条可行的道路，于是两兄弟的汽车餐厅就开张了。当时的美国，汽车已经比较普及，开车的人总是喜欢停下来买个热狗再要杯饮料。

麦克和迪克的汽车餐厅越做越大，带动起了当地汽车餐厅的发展，很多人看到汽车餐厅有利可图就照猫画虎，和麦克和迪克抢起了生意。

麦克和迪克发现大家只要提起汽车餐厅，就会主观上认为汽车餐厅是出售廉价食品的地方，如果参与竞争，让食品成本和劳动力成本上涨的话，生意就很难继续下去了。经过一番调查，麦克和迪克发现，汽车餐厅食物的收入60%来自汉堡，而不是里面所加的排骨，但是很多人还是乐此不疲地为排骨做着广告。

麦克和迪克发现这个特点之后，把汉堡包改为现场制作，并且根据每个人的喜好进行熟食的添加。就是这一简单的变革，让麦克和迪克再次站到了快餐行业的最顶端。

墨守成规不可取，另辟蹊径很重要。有些新员工刚走进职场的时候，总是听到老员工讲述公司里的各种禁忌：哪些人不能接触、哪些地方不能乱去……这就使得新员工产生一种固定思维，认为老员工所说就是对的，而不去亲身实践。老员工怎么说，新员工就会怎么做，就连工作也是如此，跟着老员工的经验走，而自己却不去创新，这就是墨守成规的一种体现。

我们总是会受到别人言行的影响，尤其是老人或者前辈，他们总会说："我走的桥比你走过的路还多呢！我吃过的盐比你吃过的饭还多呢！"这时候，你对他们的经验之谈就会奉若神明，认为那是一条黄金定律，是真理，根本不敢验证,更不敢打破。

耳濡目染之下,我们就会认为话这么说、事情这么做是理所当然的事情,我们的心理就会被别人的意识所左右,再想突破就会变得非常困难了。但是如果经常这么做的话,只会束缚住我们的手脚,让我们本应具有的创新思维随风散去,这样一来,就很难取得成功了。职场中,我们需要的是自己灵活的头脑,是自己的思维,这些往往比能力更重要。

那么,我们要怎样突破思维定式,实现创新,看到柳暗花明呢?

(1)破除"权威定势"

有人群的地方总有权威,权威是任何社会都实际存在的现象。对权威的尊崇常常演变为神化和迷信;在思维领域,人们习惯于引证权威的观点,不加思考地以权威的是非为是非,这就是权威定势。

思维中权威定势的形成主要通过两条途径,第一条途径是在从儿童长到成年过程中所接受的"教育权威"。第二条途径是"专业权威",即由深厚的专门知识所形成的权威。

权威定势的强化往往是由于统治集团有意识的培植,而且权威确立之后常会产生"泛化现象",即把个别专业领域内的权威扩展到社会生活的其他领域内。

权威定势有利于惯常思维,却有害于创新思维。在需要推陈出新的时候,它使人们很难突破旧权威的束缚。历史上的创新常常是从打倒权威开始的。

(2)破除"从众定势"

从众定势的根源在于,人是一种群居性的动物,为了维持群体生活,每个人都必须在行动上奉行"个人服从群体,少数服从多数"的准则;然而这个准则不久便会成为普遍的思维原则而成为从众定势。

从众定势使得个人有归宿感和安全感,以众人之是非为是非,人云亦云随大流,即使错了,也无须独自承担责任。人们大部分的行为选择其实都是从众的结果，而很少经过自己独立的深思熟虑。

在传统社会中，统治阶级不断强化人们的从众定势，因而排斥那些惊世骇俗的言行和特立独行的人物。

（3）破除"知识——经验定势"

知识与经验有许多不同之处。简单地说，你掌握与了解的一些事物的现象与本质是知识；如何运用你了解的事物的现象与本质则是经验，一般地把两种定势统称为"知识——经验定势"。

思维上的"知识——经验定势"在以下三个方面构成了"思维枷锁"。第一，知识经验本身是一种限定或框架，"任何肯定即否定"，因而使人难以想到框架之外的事物；第二，知识与现实并不能完全吻合，而过去的经验也不一定能适用于现在和未来，因此"运用之妙存乎一心"；第三，知识经过"纯化"之后，常常只提供唯一的标准答案，既不能完全符合现实，也会扼杀人的创新思维。

4.

少一点满足，就多一分薪水

蘑菇族是近几年来出现的一个新兴词汇，它是指那些被分配在最基层的容易被人忽略的工作岗位上，到头来还要忍受领导的指责、批评的职场新人，就像是一朵蘑菇长在阴暗的角落，到头来还会被泼上一瓢粪便。那么初入职场的你怎么避免成为一只蘑菇呢？如何在短期内从蘑菇堆中冒出头而独秀一枝呢？

我的岗位 我负责 我的工作 请放心

有调查显示，一般行业的知识更新率在5年左右，而IT行业的知识更新时间仅为1—2年。企业的发展需要人才有序地发展，善于学习和开拓的职场人总是有发光的一天。在职场中，多学知识肯定是没有坏处的，把与自己职业发展息息相关的知识作为充电首选一定是必要的。

某公司的技术部主管空缺，大家都觉得，这个位置一定非副主管老吴莫属了，毕竟，老吴已经在公司里干了三年了。但是，当人事命令公布时，大家大跌眼镜，新上任的技术部主管，竟然是刚到公司才一年的赵英。

原来，老吴在公司三年的时间里，一直在吃老本，每当公司内部有培训，他都不愿意参加，老吴觉得自己的水平应付现在的工作足够了。

但是赵英在工作之余，不仅积极参加公司的员工培训，还自学了英语，并且在公司举办的员工英语演讲比赛中拿了第一名，让领导刮目相看。领导经过多方考量，认为不断进步提升自己的赵英更适合这个职位。

在这个瞬息万变的时代，你是否已感到多年的经验正因新技术革命的出现而在一夜之间变得一文不值？是否觉得自己在工作中的优势已越来越弱，自身价值得到充分体现的可能也越来越小了？在社会发展日新月异、知识更新速度不断加快的年代里，"充电"已经成为人们改变职业方向、提升职场竞争力的重要途径。人在职场，如逆水行舟，不进则退，这已经成了越来越多人的共同感受。

工作中开始出现你不懂的东西：一些新设备是你从未用过的，一些新技术是你从未学过的，一些新名词是你从未听说过的……总之，你遇到了

第八章
超越责任，在责任中不断进步不断提升

必须的"技术障碍"，感到过去的知识已经不够用了，此时，当然不能坐等被淘汰的命运，而要让自己尽快跟上知识更新的脚步。

人生需要不断地充电。整个社会都在以软件更新的速度不断前进，如果你不升级自己，那么唯一的后果就是被社会抛弃。只有不断地充实自己，才能赢在职场上。

一帮大学同学毕业后，各自走上了工作岗位。十年后，他们相约到母校聚会。教授得知这些学生们十年来的成就与作为之后，很不满意。教授之前对其中的几位学生寄予厚望，但让人大跌眼镜的是，十年过去了，他们都表现平平，没有一个有拿得出手的成就。

教授感到不解，于是问他们："你们毕业后，平均每月看过一本书的请举手。"

学生们都露出惭愧之色，没有一个人举手。

教授知道了他们十年来表现平平的原因了："一个月看一本书，对任何人来说都不困难，为什么你们一个人也做不到呢？难道你们认为在学校学习的那点知识已经够用了吗？难道你们在工作中没有遇到任何问题，不需要学习新的知识来解决吗？"

教授的话，令人深思。走上工作岗位后，能坚持平均每月看一本书的人有多少呢？难道是不需要或者没有时间吗？当然不是。

大多数人从学校毕业后进入社会就失去了进取之心，得过且过，也不会再有什么进步。反之，学生时代那些不显眼，但到社会后仍然勤勉踏实地主动学习的人，往往都会有长足的进步。对于成功的目标来说，一个人步入社会时拥有多少知识并不起决定性作用，而自我进修的态度才是决定事业成长高度的因素。

我的岗位 我负责　我的工作 请放心

李刚毕业后没多久，就到我们公司做办公室的文职人员，主要负责起草文件、对外宣传等工作。在同一个办公室里，还有其他三位前辈。主管在场时，大家都表现得工作很投入的样子。但主管不在时，同事们就开始放松下来，在开心网上玩玩游戏，侃侃奇闻轶事等。李刚正因初来乍到，很有自知之明，没有随大流，而是一有空闲，就想一想领导交办的事情有没有未办妥的，自己还欠缺哪方面的知识，然后抓紧时刻进行充电。

李刚的用心为自己的未来增添了色彩。他在公司工作了四年，第一年做的是普通职员，第二年升任办公室副主任，第三年由副主任转为正主任，第四年出任分公司经理助理。而在办公室玩游戏侃大山的三位同事，虽然入职比他早，但直到李刚升职离开这个办公室，他们仍是表现平平。差距在哪里？就在于李刚一直在充实自己，而他们没有。

追求杰出的人从不会停止自我进修。美国著名政治家艾尔因家贫，小学未毕业就辍学了。依靠勤奋，他30岁当选为纽约州议员。这时他的知识依然贫乏，甚至看不懂那些需要他表决的法案。但艾尔没有气馁，每天坚持读书，如饥似渴地学习那些他需要了解却暂时不明白的知识，有时他一天要读书16个小时。他将读书的习惯一向坚持下去，在当选为纽约州州长的时候，艾尔已经成了一个学识渊博的人。他曾四度出任纽约州州长，而且先后有六所大学授予他名誉学位。

优秀人物从不认为自己的学问已经够用，相反，他们几乎一致认为自己所知甚少，需要靠不断学习来满足工作的需要。越是优秀的人越不满足于自己的现状，反倒是平庸之辈对自己的学识潜质颇为自得，他们觉得工作中已经没有陌生的东西。人是熟悉的，工作也得心应手，很少遇到难题，轻松简单就能完成工作。

但是，千万不要因为这样就停止自我更新和自我升级。因为社会的整体素质在不断提升中，一些文凭比你高，专业知识比你丰富的人可能会加入到你这个行业，成为你的挑战者。那你就更有必要适时充电，以抵挡一波又一波实力不凡的竞争者。

有些人的职场之路过于顺利，以至于他们觉得一辈子都能这样。假设你当初学习的刚好是目前很热门的专业，由于懂行的人才很少，你极可能顺风顺水地享受高职、高薪。但正因热门，必定有更多的人开始学习这一专业，他们掌握的技术也更成熟，将来极可能把你淘汰出局。假设你遇到一个赏识你的老板，你也可能顺利冲上很多人望尘莫及的高端位置，但这个老板真的能一辈子庇护着你吗？不管什么原因，顺利的状况总是不能持续很久，在一个竞争激烈的时代，辛苦打拼才是生活的常态。因此，当你感到过于顺利时，反倒要引起警惕，及时充电升级，以应付未来的变化。

想在职场中提升自己，不妨从以下几个方面入手：

（1）永保热诚，全心投入工作

对工作一直保持热诚，在职场上展现活力和企图心，甚至在团体里能激起同事、下属工作斗志的人，是企业最想留住或网罗的对象。

让老板认为你总是全心投入工作，不计较多做一些事，而且是自动自发多做一点，而不是每天上班、下班，只把分内工作做好。

（2）发展多职能力

只拥有一种专业能力已经过时，现在职场需要"七十二变"的孙悟空。过去认为，只要不断精进自己的核心专业能力，就能牢牢捧住饭碗，但现在这种想法可能让你在职场上升迁受阻，甚至被淘汰出局。

外界环境变化太快，企业为求生存，必须不断调整经营方向，因此，今天企业重视的某些专业能力，明天可能变得不重要。这种情况下，只固守一种专业职能的人，如果无法符合企业未来的发展需求，当组织重整，

我的岗位 我负责 我的工作请放心

精简人力时，很可能就被裁掉。

（3）培养领导能力

领导能力好，不仅可抱牢工作，也可助你在职场更上一层楼。

领导能力分为两方面，一方面是对内整合公司的人力资源，适才适所，安置每个下属在最适合他的职位，整合团队一起达到公司制定的目标；另一方面则是对外整合客户的能力，和客户建立良好关系，为公司创造最大利益。

要想得到成功的青睐，就及时地给自己充电，为成功的天平增添砝码吧。

5.

正能量让你永远无可替代

松下幸之助曾说过："一个企业的员工在精而不在多，重点体现在企业面临难关时，有沉着冷静，为公司创造价值或是减少损失的人。这种人，也就是公司的灵魂人物。"可是，在竞争激烈的职场中，不是谁都能随随便便就可以成为灵魂人物的，这需要员工不断地提升自己，抓住一切机会为自己充电，让自己始终保持一种自身素质过硬的极佳状态。只有做到不断提升自己，才能获得更多的正能量，才能成为公司的灵魂人物。

查理在一家服装厂工作。以他的学识，他本来可以有更好的工作。但不幸的是，他有先天缺陷，不能长时间站立和行走，于是他只能在这个普通的厂子里当一名缝纫工人。但乐观的查理并没有因此而苦恼，而是把全部精力和热情都投入到了自己的工作中。因为他知道，由于自己有缺陷，如果不努力提升自己，做公司不可或缺的人，总有一天会被淘汰出局。因此，他一直不断充实自己。

查理几乎把自己所有的业余时间都用于读书，并且还会在休息时间给同事们讲笑话，把他对生活的乐观传达给每一个人。因为痴迷于服装设计，每天的工作结束时，他都会找些服装设计类的书和杂志来看，尽可能地增长自己的专业知识。同时，他还报名参加了服装设计大赛，并获得了二等奖。他也因此被厂里破例提拔为服装设计师。

此外，查理还经常鼓励厂里的一些年轻人努力工作，并尽自己所能帮助他们在业余时间学习专业知识。就这样，在查理的影响下，这个服装厂培养出了很多高级技师和服装设计师，在行业内的名气越来越大。而查理也成为了这个服装厂的灵魂人物，很多方案都需要他决定后才可以实施。

在工作中，如果我们不懂得提升自己，凝聚更多的正能量，不懂得每天学习、充电，很快就会落伍，就会被这个时代和所在的企业抛弃。因此，无论在何时何地，每一个工作人员都应该像查理一样，随时充实自己，修炼自己的能力，力争做公司的灵魂人物。

职场中总是有这样三种员工：不可或缺的灵魂型、各方面合格型、末尾淘汰型，任何员工必居其一。但是，如果杰出型不思进取，早晚会被淘汰；淘汰型发愤图强，必然能呈现其价值。所以，在职场中，你是"天天向上"还是"自甘堕落"，完全取决于你是否在努力提升自己。

小王和老李都是一家企业的员工。小王是个职场新人，不仅

我的岗位 我负责 我的工作 请放心

业务能力低下,还总是喜欢偷懒、抱怨,所以总是受到经理的冷落和责罚;老李是个业务能力很强又为人平和的老员工,常常得到公司的嘉奖。

一天,小王对老李说:"我打算跳槽了,我非常讨厌这个公司!"老李听了后微笑着说:"你要跳槽真是太好了,我举双手赞成,这家破单位你再待下去迟早会毁了你。不过你要是打算现在就走,那就有点可惜了。"

小王疑惑地问:"为什么?"

老李说:"如果你现在走,公司的损失并不大。你应该趁着在公司的机会,拼命去为自己积聚一些客户资源,成为公司独当一面的人物,然后带着这些客户突然离开公司,到时候公司不后悔才怪呢。"

小王觉得老李说得非常正确,于是通过各种方式来提升自己的业务水平,并"忍辱负重"地去开拓客户资源。一年后,小王的业务水平得到了极大的提高,并且还有了很多忠实的客户,这让他成为了业务部不可或缺的人。

此时老李跟小王说:"现在是时机了,要跳槽的话就可以行动了。"

小王淡然地笑道:"昨天总经理跟我谈过了,准备让我去做西南区的业务经理,我暂时没有离开的打算了。另外,非常感谢你对我的帮助,如果没有你,我不会这么快就得到公司的重用。"

任何员工在公司是否处于重要位置不是自己说了算,而是靠公司的认可。故事中的小王起先并没有意识到这一点,聪明的老李通过巧妙引导,让小王最终得以重用,并意识到了老李的良苦用心。

任何时候,员工的抱怨、牢骚都不能解决问题,工作中要想真正得到他人的认可,必须不断提升自己的业务能力。只有那些身上具备不放松自己、不断进修、及时给自己充电的正能量的员工，才有资格与人一比高下，才能成为公司需要的人才。

如果你也想成为公司的灵魂人物，那就请你在内心问一问自己：我在公司的重要性如何？我是不是这里不可或缺的人？假如我离开后将有什么人代替我现在的位置？下一批公司裁员的名单中会有我的名字吗？当然，不论你得到的是什么样的答案，千万不要忘了职场正能量一定不能丢。

职场上往往有很多负能量侵蚀人心，会让人消极怠懒不思进取。如何才能让职场中充满正能量，教你修炼四种心态就能突破瓶颈。

（1）建立信心

在职场上负面经验往往会让一个人陷入恐慌和挣扎，积极乐观的心态非常重要。简单地说，为自己建立一定的信心很有必要。只有用最积极的心态才能突破恐惧，才能勇往直前。

（2）善用时间

时间管理是职场上很重要的一个细节，制订出合理的计划和方针，以30分钟为单位去执行。每天制订几个小的任务，不要求多，务必在完成任务的前提下再去增加工作量。也可以预留少许时间，思考和检查自己的工作。

（3）换角度思考

在工作中切勿以同一种思维方式和逻辑去面对所有的任务，多变和求新是帮助我们突破自我的一个方式，不要把所有的事情都想得完美。多听听大家的意见，根据不同人的不同角度，去看看问题所在。

（4）正面抗压

职场上压力是难免的，但要学会如何去面对压力。有些人会躲避，有些人会彷徨，但你要坚信，正面地面对问题才能解决问题。无论你面临多大的压力，一定要懂得利用自己的优势去攻破问题症结所在，当然不要过度自信引发失败。失败没关系，重要的是你获得的经验。

第九章

感恩责任，责任心有多大，成功的舞台就有多大

当你觉得自己缺少机会或职业道路不顺畅时，不要抱怨他人，而应该问问自己是否承担了责任。很多时候，"责任就是机会"，或者说"责任等于机会"。逃避责任的人，看似省了一时之事，实际上却拒绝了发展，更远离了成功。当我们怀着一颗感恩的心负责地去工作时，不仅能为企业实现经济效益最大化，也可以为自己提供更多的发展机会和更广阔的发展空间，最终使自己成为那个"不可替代的人"。

我的岗位 我负责 我的工作 请放心

1.

吃力不讨好？你有责任心吗？

当我辞退一个员工时，他们总会说："再给我一次机会吧，我没有功劳也有苦劳啊。"我想告诉大家，苦劳是企业的一种负担，他会让企业慢慢消亡，功劳才是你存在的条件和价值。

总是把"苦劳"挂嘴边的职工实际上是习惯于为自己找借口的人。有功劳的人不会拿苦劳说事；没有功劳而又善于反思的人不屑于拿苦劳做挡箭牌；只有那些没有功劳却又不积极反思改进的人才会拿着苦劳去搪塞。

总是把"苦劳"挂嘴边的职工实际上是没有主人翁意识的人。白居易有首诗写道："足蒸暑土气，背灼炎天光，力尽不知热，但惜夏日长。"诗句中描绘的老农不会到处絮叨自己的"苦劳"；十月怀胎，食不知味、夜不能寐，没有哪位母亲说自己的"苦劳"有多大，心里盼望的只是宝贝的健康；创业初期，冷嘲热讽、风餐露宿，没有人去关注你有多少"苦劳"，只有你缔造了自己的商业帝国，才会有人去仰你鼻息……

总是把"苦劳"挂在嘴边的人，他的人生是惨淡的。因为总是注重于"苦劳"的人，眼中看到的是"苦"，"劳"对他而言是无尽的折磨；而总把"功劳"挂在心上的人，眼中紧盯的是"功"，"劳"就变成了充满希望的奋斗！两种心态，两种人生。

第九章

感恩责任，责任心有多大，成功的舞台就有多大

我曾经在书上看到这样一句话："我们要假装优秀。"她说，优秀是一种品质，可能现在我们不具备，但是我们要先"装"起来，假装自己很优秀的样子，用优秀的标准去要求自己，用优秀的心态去工作、去生活。一天、两天……装的时间长了，你就弄假成真了。

我们公司每一次开启季度绩效考核的前一周，各个部门的神经都会紧绷起来。大部分员工都"假装"很优秀的样子积极参与，以主人翁的姿态进行实践和探索。也有员工提出一些问题，但是有问题没关系，因为团队里难免出现摩擦，一切都在探索中，这时候没有问题才是大问题。但也有一些同志习惯性地开启了灰暗模式，不仅自己消极怠工，还在不断地扩散着自己的负面影响……

常把"苦劳"挂嘴边的人只会越来越苦，眼中只有"功劳"的人，才能踩着脚下的坎坷登上一个又一个的高峰，去欣赏别人看不到的风景。

员工们常常走进一个误区，认为辛苦就是结果，其实这个观念是错误的。结果意识有时候会挑战我们的良心，一些管理者也会有恻隐之心。这时候，经典台词又出现了："我没有功劳也有苦劳啊，没有苦劳也有熬劳啊！看在我多年辛苦的份儿上，也要给我一碗饭吃啊！"市场不会因为一个人或者一个企业的努力或投入而给予恩惠，市场唯一相信的是符合客户需求和需要的结果。

有些员工以为，只要在公司服务足够多的年限，自然年年加薪。殊不知，那些号称在公司服务 10 年、20 年的人，实际上不过是将第一年的经验重复十次、二十次、上百次罢了。年龄不一定代表智慧，年资不一定代表贡献，当然也不一定就代表高薪。

事实上，就算你再辛苦、再不容易，企业所有的员工起早贪黑、加班加点生产出了产品，拿到市场上，对客户说："这是员工出力流汗造出来的产品，尽管功能有点欠缺，质量不尽如人意，但是，既然我们造出来了，你们就应该买回去。"有这样的道理吗？如果你这样说，人家会把你当成外星人。

我的岗位 我负责 我的工作 请放心

一位美国企业家说过这样一句话:"不要告诉我分娩有多么痛苦,把孩子抱来给我看看。"公司存在的理由是通过实现盈利最大化,回报股东,造福社会,成就员工。投入同样的资源,产出最大的价值是公司的最高经营境界。价值要靠员工的努力去创造,员工要靠自己的业绩证明自己的价值,公司应该帮助员工实现价值,提升他们创造业绩的能力,而不是同情他辛勤劳作后的一无所获。

赵强是我们公司销售部的区域经理,春节过后他一直很郁闷,原因是今年的销售任务从每个月110万涨到了200万,几乎翻了一番。要命的是今年的市场不景气,1月份至5月份合计仅仅完成了707万元的销售额,就是说6月份他必须要实现493万的销售才能完成上半年任务,否则半年考核将会被淘汰。这493万相当于月份任务的一倍多,是去年同比月份任务量的近五倍,看来被淘汰是板上钉钉的事了。

赵强和我私下还有些交情,年中的时候,他向我求助,按照他的话来说就是"死马当活马医"吧。看他的样子是放弃了努力,已经做好了最坏的打算。赵强的问题提出之后,我就反问他:一个月完成493万任务跟完成200万任务有什么不同?他沉默好长时间,回答说:"肯定不能用同样的方法和手段了。"

我说:"对啊,非常目标必须要采取非常手段和措施,才能完成非常任务!赵强,你必须采用新的方法和渠道,才能把死马医活。"最后,我们得出一个结论:他要抛弃被动依靠分销商分销的方法,只有主动出击才有活路。

后来的结果是,6月份赵强用一款新专利产品作为突破口,拿到了一家企业集团一个530万招标的工程直供项目,快到月末的时候,赵强又与三家房地产企业签订了首批供货280万元的合同,也就是说,赵强实现了月合同销售810万元的业绩,创下了公司单月区域销售记录。半年业务运营总结会上,赵强成了全国销售冠军。发言中,赵强最后说了一句话:"目标是用来超越的,计划是用来突破的!"

第九章

感恩责任，责任心有多大，成功的舞台就有多大

做工作就是做结果。多劳多得，少劳少得，不劳不得，这些道理每个人都懂。劳动和工作仅仅是个过程，这个过程的最终目的是工作成果。

俗话说：拿人钱财替人消灾，拿人家的手短，吃人家的嘴短。作为员工，每到月底就会向企业或老板要结果，这个结果就是工资。反过来，老板也会向员工要结果，"我凭什么给你发工资？"如果员工说："因为我完成了工作目标。"老板就会很高兴地发工资。不过如果员工说："我辛辛苦苦干了一个月。"老板就会不高兴："难道辛苦就得发工资吗？工作计划落实了吗？订单拿下来了吗？任务完成了吗？交代的事情办妥了吗？"这些都是结果。如果做不到这些，自己想要的结果也就无从谈起。

员工只有拿出结果，才能说话硬气，才能保住你的职位，保住你的团队，保住你的下属，不然的话，很多事儿都不好说，想要自己的苦劳有功劳，想要吃力又讨好，就请带着你的责任心工作。

2. 责任在哪里，成功的机会就在哪里

机会是开在荆棘丛中的鲜花，对于工作而言，在最艰辛的环境中，常常隐藏着最宝贵的机会。在现实生活中，往往有许多人把自己的责任当成是自己的负担，时刻在想着逃避自己的责任。

社会学家戴维斯说："放弃了自己对社会的责任，就意味着放弃了自身在这个社会中的更好的生存机会。"同样，如果你放弃了自己对工作的责任，就意味着放弃了在工作中更好的发展机会，这样永远都不会成功。

我的岗位 我负责 我的工作请放心

放弃承担责任，或者轻视自身的责任，就等于在可以自由通行的路上自设路障，摔跤绊倒的也只能是自己。

有一家公司同时招聘了两位经理：一位姓王，一位姓孙。一段时间之后，王经理给人留下了工作主动积极，任劳任怨的好印象，孙经理却给人留下了推诿、逃避工作的坏印象。在这种情况下，老板总是把重要的、难度大的工作交给王经理去完成，而把一些无关紧要的、简单的工作交给孙经理。王经理因此经常忙得不可开交，孙经理却经常无事可做。

孙经理经常在背地里嘲笑："王经理真是个大傻瓜！俗话说得好，鞭打快牛，能者多劳。瞧我，活干得少，责任承担得少，日子过得逍遥快活，工资并不比他少一分！"

又过了一段时间，王经理成了老总离不开的人，并且晋升为副总经理，而孙经理却因为是企业可有可无的人，当然得不到提升。孙经理觉得没面子，就辞职不干了。不过我们可以设想，孙经理如果不改变的话，到哪儿都不会得到重用。

这样的案例，在现实中很常见。在我们身边，有很多人都曾经面临重大责任，不同的是，一些人选择了逃避，结果当然没有把握住重大的成功机会。

在职场上，一定不要害怕多做工作，多承担责任。要知道，责任不是负担，责任是机遇，是打开成功之门的敲门砖。成功者找方法，失败者找借口。如果一个机会触手可及，每个人都可以轻易拿到手，那么，这个机会绝对不可能是什么宝贵的机会。机会是开在荆棘丛中的鲜花，对于工作而言，在最艰苦的环境中，常常隐藏着最宝贵的机会。

1997年，程林在某生物制药公司担任销售经理。那一年他取得了很好的成绩，在公司15个办事处排名中，他负责的郑州市场销售排到了第一位，而一年前，郑州还排在第十位。

1997年年末，公司新成立西藏办事处，程林被任命为西藏办事处经理。对于这一任命，谁都认为不合理，包括程林本人。因为他拼打下来的郑州市场已经很成熟，如果他继续担任郑州办事处经理，可以很轻松地获取二十多万元的工资回报。而西藏办事处却是一片待开发的市场，而且是大家认为最难开发的市场，能否开发成功，还是一个未知数。

程林找到公司老板，表示了要继续担任郑州办事处经理的愿望。

"西藏的确是最难开发的市场，"老板说，"最难的事情总得有人去做啊，而且要最能干的人去做。"

听老板说自己是最能干的人，程林心里很高兴，但还是舍不得郑州办事处。

"在通常情况下，当一个人把困难的事情做成功了，他就获得最大的机会。"老板又说："你现在就面临这样的机会。"

这句话激起了程林的斗志，他当即接受了公司的安排。

就在1998年，程林不仅成功开发了西藏市场，而且将西藏市场的业绩做到了第一位，郑州办事处倒成了第二位。程林得到丰厚的物质回报的同时，还被任命为公司营销总监，年薪三百多万元！在接到任命书的那一天，他终于明白了老板说的"最大的机会"其含义为营销总监的职位。

程林的经历告诉我们，责任是展示自己的机会，责任是锻炼自己的机会，责任是提升自己的机会。你所承担的责任越大，你的地位就越高，你的机会也就越多，获得的成功也就越大。

在职场上，我们要如何把握好机会呢？

我的岗位 我负责 我的工作 请放心

（1）做好自己的工作，超预期完成任务

首先，我们要立足于自己的本职工作，把工作做好，甚至是超额完成任务，才能证明自己有实力有能力把握住机会。

（2）积极主动承担新任务

机遇不会主动提醒你它来了，而是要你积极主动地去发现，因此在工作中，我们要充分调动自己的积极性，主动承担一些额外的工作，抓住机遇的概率就大了。

（3）要不断学习，勇于创新，敢于承担，善于展示自己的优点，弥补缺点

人与人最大的差别就在于学习能力上的差别。学习是一种责任，也是一种能力，学以致用，光会用还不够，还要敢于创新，不断总结。只有敢于创新，敢于承担责任，才能使办法总比困难多；只有利用我们的智慧与优势，才能看到机遇，抓住机遇，做好工作，完成自己的进阶。

3.

勇于面对眼前的"苟且"，才能看到诗和远方

陈丽是我们公司一名非常优秀的员工。她是我们行政部门的主管，但是她刚到公司时，可不是这种雷厉风行的女强人。

陈丽从一毕业就到我们公司来上班了，一直在行政部就职，刚开始只

不过是个小职员，做的都是些整理资料、统计表格等琐碎的工作。她的工作没出过错，但是也谈不上出色。偶然一次，她来为我的出差安排各项事务。

我对陈丽说："小陈，我后天要出差，你尽快帮我安排一下，辛苦了。"

陈丽说："好的，我尽快答复您。"

没想到，当天下午，她就来到我的办公室对我说："赵总，您的出差我都帮您安排好了，后天上午十点的飞机，下了飞机后，会有司机来接您去酒店。第二天的会议安排我也和客户公司确认过了，已经把时间表发到您的邮箱了，回程的机票我也已经订好了，请您确认一下。"

我原本以为按照陈丽的工作效率，怎么也要等到出差前一天下班才会有消息，没想到这次她的效率这么高。这件事，让我对她的看法有了转变。

有一天，我找她聊了聊。她跟我说："赵总，我知道我以前的工作并不出色。其实，我本来都打算辞职了，但是我妈的一番话点醒了我。我妈退休了，在一家小单位做保洁工作，虽然不是什么重要的工作，但我妈做得非常认真。我妈跟我说，工作不在乎大小，只要你全心全意做好了，老板自然会感受到，这世界上从来没有卑微的工作，只有平庸的工作态度。"

顿悟后的陈丽就像换了个人一样，经她手完成的工作没有领导不满意的，行政部的工作越来越顺手，她也越来越有激情。没过多久，她就升了组长，再后来，就成为了行政部主管。

我记得马丁·路德·金曾经说过："如果一个人是清洁工，那么他就应该像米开朗琪罗绘画、像贝多芬谱曲、像莎士比亚写诗那样，以同样的心情来清扫街道。他的工作如此出色，以至于天空和大地的居民都会对他注目赞美：瞧，这儿有一位伟大的清洁工，他的活儿干得真漂亮！"

然而，像陈丽这样的员工是少数，我经常在工作中听到同事们的抱怨："现在上班真是越来越难了，要是我生在有钱人家多好，整天累成狗，还

我的岗位 我负责 我的工作 请放心

不是为了那几个生活费。"我相信,这种现象并不是个例。在职场中,有许多人抱怨自己的职位太低,工资太少,每天起早贪黑地上班不过是为了生计。他们抱怨太多,行动太少,这些人在以后的工作中也很难做出成绩。

工作是每个人的天职,"工作"两个字说起来容易,想要做好却很难。每一个在工作上能取得成就的人,付出了比常人更多的努力。

我想跟大家说,不管你身处什么职位,都不要看轻自己。假如你觉得自己现在的工作没有任何意义,那你就大错特错了。也许某些行业没有体面的工作内容,没有优美的工作环境,但是请记住,衡量一个人是否伟大,从来不是以客观条件论英雄,而是要看工作创造的价值。只要你认真对待你的工作,没有人会看不起你。

小林是某公司IT部门技术人员,名牌大学毕业,工作能力很强。公司有规定,凡是新进员工,全部从所属部门基层工作做起,快速熟悉本部门工作。

他去部门报道的第一天,技术部主管就跟他说:"小林,你刚到公司,各个方面都还不熟悉,你就先负责维修公司电脑故障,维护后台系统,尽快熟悉部门环境。"

小林心里十分不平衡,心想:"我可是名牌大学毕业的高材生,就让我去修电脑,也太小瞧我了吧,这让我在同学面前怎么抬得起头。"

有一次,市场部主管不小心把咖啡洒进电脑里,就把电脑拿去让小林帮忙恢复。他跟小林说:"小林,我电脑进咖啡了,里面有一个非常重要的PPT我明天跟客户开会的时候要用,你一定尽快帮我弄好了,麻烦你了啊。"

小林心想:"这么简单的活儿,我分分钟就搞定了。"于是小林修一修,玩一玩,到下班时间了还没弄好,这下小林心急了,随便弄了几下就给主管还回去了。

没想到,第二天市场部主管和客户开会时,电脑突然就死机

第九章
感恩责任，责任心有多大，成功的舞台就有多大

了，会议突然中止，客户有点不满意。市场部主管非常生气，把小林叫来办公室，狠狠地训了一顿："你是怎么回事，你这是什么工作态度，就是因为你差点害我们损失了一个大客户！"小林也因此被扣了三个月的奖金。

我们都想拥有一份自己喜欢，并且能充分展现自己长处的工作。假如你没有找到，难道就可以消极怠工，敷衍了事吗？工作是否卑微，是否乏味，完全取决于我们工作时的心情。当一名环卫员工并不是什么丢脸的事，如果卫生做不好，影响市容，那才叫丢人。

工作本没有高低贵贱之分，但是对待工作的态度却有高低之别。怎么样才能知道一个人能不能把事情做好呢？很简单，看他怎么对待自己的工作就行了。那些认为自己的工作很低贱，很没意义的人，都是被生活控制的人，他们觉得生活就是这样了，不想通过自己的努力改变命运。事实上，他们就是人生的失败者。

工作的意义贯穿我们整个生命，你用什么样的态度对待工作，工作就给予你什么样的回报。我们之所以和周围的人有区别，是因为我们用不同的态度对待工作。假如你日出而作，日落而息，每天勤奋地工作，并在工作中不断地提高自己，你的视野会变得开阔，人生会变得明亮；假如你每天都浑浑噩噩，人浮于事，那么被集体淘汰，被社会淘汰，是迟早的事。

记住，你做的每一件事都是有意义的。如果你是保洁员，看到自己打扫的办公室一尘不染，柜子上的书摆放得整整齐齐，卫生间没有一丝污秽，是不是有莫大的成就感？假如你是老师，看到学生一张张天真无邪的脸，看到他们的一点点进步，当他们对你说一声"老师好"，是不是也感到一丝欣慰呢？

我们都知道人活着要有尊严，却很少有人说，虔敬工作给人以尊严，人也给工作以尊严！没有不重要的工作，只有看不起自己工作的人，看不起自己的人。

《福布斯》的创始人伯蒂·福布斯曾说:"做一个一流的卡车司机,比做一个不入流的经理,更为光荣,更有满足感。"

当你慢慢适应自己的工作,慢慢喜欢上自己的工作,在工作中最大限度地发挥自己的长处,不断自我提升,你就达到了实现自我的目的。一个人实现自我,首先会把工作当成发挥主观能动性的对象,竭尽全力完成它,从而实现个人价值。

如果总是用世俗的眼光衡量自己的工作,那工作一定是单调乏味、毫无生气可言的。

我们看待问题的方式是有局限性的,我们必须由表象看到本质,才能发现工作的真正意义。有些工作或许只是看起来无聊,但是你有没有去接触,去了解呢?没有调查,就没有发言权。所以,不管你是否幸运地做了自己喜欢的工作,都要深入了解自己的工作,把工作看成是人生的荣耀。

我们该如何正确看待自己的岗位呢?

(1)岗位就是信任

组织把某个人放在某个岗位上,不是随随便便,更不是信手拈来,而是经过广泛征求意见,深思熟虑后才配备上岗的。这个岗位充满了组织的信任,一个人到某个岗位上工作,大家对他怀着期盼,希望这个人能在这个岗位上干出一些成绩,实现人生的价值。这个岗位充满了信任,上有组织的信任,下有同事的信任,任何人都没有理由轻视自己的岗位,没有任何理由不干好自己的工作,否则,就会失去组织的信任,辜负大家的期待。

(2)岗位就是奉献

任何人都想在岗位上干出一些成绩,如果舍不得付出,没有强烈的奉献精神,是永远做不好事情,达不到目的的。工作,不仅意味着奉献,在某种情况下甚至意味着牺牲。因此,要想胜任本职,有所建树,就不能患得患失,犹豫不决,必须有一种时不我待的紧迫感,主动把更多的时间和精力用在工作上,以工作的成就,事业的成功作为人生的最大满足。

（3）岗位就是财富

一个人只有经过岗位的摔打磨炼，才能经受锻炼，增长知识，丰富阅历。机会总是垂青有准备的人，不论在什么样的岗位工作，关键还是要不断总结自己，完善自己，不断从生活中汲取营养，在工作中增长才干，从这个意义上讲，在岗位上工作，就是在积累财富。

一个岗位是不能决定一个人的未来的，能决定一个人未来的是对待工作岗位的态度。而这种态度最终会影响一个人的生活。职场地位是由你的行动结果决定的，而不是脑海里空洞的规划。打败你心中的负面情绪，积极地面对自己的工作吧。就算是在平凡的岗位上，也要做出不平凡的成绩。记住，勇于面对眼前的"苟且"，才能有诗和远方。

4.
学会正面思维，驱逐抱怨的恶魔

有这样一个故事：

在一座寺院里住着一位道行高深的住持，那位住持给寺院立下了一个特别的规矩，每到年底，寺里的和尚都要面对住持说两个字。第一年年底，住持问新来的和尚最想说什么，新来的和尚说"床硬"；第二年年底，住持又问那位新来的和尚最想说什么，那位和尚说"食劣"；第三年年底，那位和尚没等住持提问，就说："告辞。"住持望着那位和尚的背影自言自语地说："心中有魔，难成正果，可惜！可惜！"

住持所说的"魔"，就是那位和尚心里没完没了的抱怨。这位新和尚

我的岗位 我负责 我的工作 请放心

只考虑自己要什么,却从来没有想过别人给予了自己什么。像他这样的人在现实生活中有很多,这些人这也看不惯,那也不如意,怨气冲天,牢骚满腹,总觉得别人欠自己的,社会欠自己的,从来感觉不到他人为自己的生活所做的一切,这种人心里只会有抱怨,不会有感恩。对生活怀有一颗感恩之心的人,即使遇上再大的灾难,也能熬过去。感恩者遇上祸,祸也能变成福,而那些常常抱怨生活的人,即使遇上了福,福也会变成祸。

在一次海峡两岸十大杰出青年座谈会上,一家大公司的经理发言后,会场响起了长时间的掌声。他发言的第一句话就是:"日本有个阿信,台湾有个阿进,阿进就是我。"接着,他给大家讲了他的故事。

阿进的父亲是个盲人,母亲不但是个盲人而且弱智,除了姐姐和他,几个弟弟妹妹也都是盲人。失明的父亲和母亲只能当乞丐,住的是乱坟岗里的墓穴。他一生下来就和死人的白骨相伴,长到能走路的时候就和父母一起去乞讨。在10岁时,有人对他父亲说,你该让儿子去读书,要不他长大了还是要当乞丐。父亲就送他去读书,上学第一天,老师看他脏得不成样,给他洗了澡。这是他生命中第一次洗澡,感动得他泪流满面。

为了供他读书,12岁的姐姐不得不外出打工。照顾失明父母和弟妹的重担落到了他小小的肩上,他从不缺一天课,每天一放学就去讨饭,讨饭回来就跪着喂父母。后来,他上了一年中专学校,竟然获得了一个女同学的爱情,但未来的丈母娘说:"天底下找不出他家那样的一窝穷人。"她把女儿锁在了家里,用扁担把阿进打出了门……

讲到这里,阿进提高了声音:"但是,我对生活充满了感恩。我感谢我的父母,他们虽然双目失明,但他们给了我生命,至今我都是跪着给他们喂饭;我还感谢苦难的命运,是苦难给了我磨炼,给了我这样一份与众不同的人生;我感谢社会,在我成长的过程中，社会各行各业的劳动者给了我衣、食、住、行及教育；我也感谢我的丈母娘，是她用扁担打我，让我知道要想得到爱情，就必须奋斗，就必须有出息……"

许多时候，我们总是抱怨，抱怨生活中的一切，抱怨不公平的待遇、不如意的爱情，甚至抱怨天气的阴晴。其实，学会用感恩的心看周围的一切，你会有另外一种心情。

我们很容易抱怨，以至于有时自己都没有察觉。抱怨与感恩背道而驰；抱怨与敬业水火不容。当你抱怨你的妻子把饭煮糊了，这表示你没有以爱去接受你妻子的过失；当你抱怨工作太多太累的时候，这表示你没有对公司给你提供的机会和薪水感恩。

某公司有一位员工，在公司已经工作了12年，薪水从不见涨。有一天，他终于忍不住当面向老板诉苦。老板说："你虽然在公司待了12年，但你的工作经验却不到1年，能力也只是新手的水平。"

这名可怜的员工在他最宝贵的12年青春中，除了得到12年的新员工工资外，其他的一无所获。

也许，这个老板对这名员工的判断有失准确和公正，但我相信，在当今这个日益开放的年代，这名员工既然能够忍受12年的低薪而没有跳槽到其他公司，就足以说明，他的能力的确没有得到其他公司的认可，或者换句话说，他的现任老板对他的评价基本上是客观的。

看看我们周围那些"今天工作不努力，明天努力找工作"，只知抱怨而不努力工作的人吧！他们从不懂得珍惜自己的工作机会，更没有对他们的工作心存感恩。他们不懂得，丰厚的物质报酬是建立在认真工作的基础上的；他们更不懂得，即使薪水微薄，也可以充分利用工作的机会提高自己的技能。他们在日复一日的抱怨中蹉跎岁月，而技能没有丝毫长进。最可悲的是，抱怨者始终没有清醒地认识到这样一个残酷的事实：在竞争日趋激烈的今天，工作机会来之不易。不懂得感恩，不珍惜工作机会，不努

我的岗位 我负责 我的工作 请放心

力工作而只知抱怨的人，不管他们的学历有多高，也总是排在被解雇者名单的最前面。

在职场生活中，我们该如何减少自己的抱怨，积极阳光地工作呢？

（1）反思自己

抱怨有时是推卸责任的表现，要作为一个勇于承担责任的成功者，不要抱怨太多。在你抱怨之前想一下你自己有没有做得最好，没有的话请收敛一下你的怨气，不要让别人认为你是一个不负责任的无赖。

（2）不可求全责备

也就是说你不应该把自己对待自己的严格要求的法则用在别人的身上，因为你不应该强加自己的意愿于别人。把自己的理想加到别人身上也并不见得是一种明智的办法。

年轻人往往充满梦想，这是件好事。但年轻人还需要尽快懂得，梦想只有在脚踏实地的工作中才能得以实现。许多浮躁的人曾经也都有自己的美好梦想，但始终无法实现，最后剩下的只有满腹的牢骚和无边的抱怨。

所以，让我们用感恩的心去驱逐心中抱怨的"恶魔"，实现自己多年来的梦想吧！

5.
尽职尽责才能缔造完美岗位

一个有责任感的员工只有在工作中做到尽职尽责，才能把工作做得更好，才能更好地体现自己在工作和生命中的价值，才能称得上是合格的

第九章
感恩责任，责任心有多大，成功的舞台就有多大

员工。

一种职业，一份责任；一个岗位，一份使命。职业是人的使命所在，我们需要尽职尽责地把每一件事都做对，做得尽可能完美。

一家皮毛销售公司的老板打算从三位主管中提升一人担任销售总经理。为了考验这三位主管，老板吩咐他们三个去做同一件事情，即去供货商那里调查一下皮毛的数量、价格和品质。第一位主管仅仅用了五分钟后就回来了，因为他并没有亲自去调查，而是向下属打听了一下供货商的情况就回来汇报。

第二位主管亲自到供货商那里了解了皮毛的数量、价格和品质，他用了30分钟完成了此项工作。

第三位主管90分钟后才回来汇报，原来他不但亲自到供货商那里了解了皮毛的数量、价格和品质，而且根据公司的采购需求，将供货商那里最有价值的商品做了详细记录，并且和供货商的销售经理取得了联系。除此之外，在返回途中，他还去了另外两家供货商那里了解了皮毛的商业信息，将三家供货商的情况做了详细的比较，制订出了最佳购买方案。

从这三位主管的工作态度我们可以看出，第一位主管很显然只是在敷衍了事，草率应付；第二位主管充其量也只能是被动听命，没有真正做到尽职尽责；第三位主管才是真正尽职尽责做事的。结果可想而知，老板把机会留给了第三位主管，他顺利被提升为销售总经理。

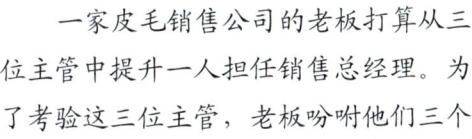

每个老板都喜欢尽职尽责的员工，因为尽职尽责是把工作做到位的前提。一个人不管从事什么样的工作，平凡也好，令人羡慕也好，都应该尽

我的岗位 我负责 我的工作 请放心

心尽力，力求把它做好做到位。

在今天这样一个职业化的时代中，每个人所处的岗位不同，相同的只有一点：爱岗敬业，尽职尽责。

工作的平凡与伟大不在于工作本身，而在于对待工作的态度。爱岗敬业，尽职尽责，就是正确的态度之一。一个人只要对工作尽职尽责，即使在微不足道的岗位上也会做出令人敬慕的业绩。

小苏和小陈是一家酒店餐饮部的实习生。一天，一位住在酒店的客人到餐厅吃饭，饭菜已经上桌了，他却接到一个电话。之后，他叫住了正在为她服务的小陈说："真不好意思，朋友突然找我有急事，我必须现在就去，菜先放在这里，一会儿我回来再吃。"

说完，他还让小陈看了一下他的房卡。小陈微笑着点了点头，就准备让他离开。

这事本来与小苏无关，但是，她却走过去，面带微笑诚恳地对客人说："先生您放心，我们一定把菜给您留着。但是我们酒店有规定，因为您已经点了菜，所以需要先付账，您可以选择现金支付，也可以通过签单的方式到时将餐费和房费一起结算。不知您选择哪一种？希望您能理解我们的做法。"

"那好，我去前台签单吧。"客人爽快地答应了下来。

"好的，那我带您去。"于是，她便笑容满面地带着客人到前台签了单。

客人出去后，很晚才回来，于是她一直等在那里，而且不仅她没有下班，还通知厨房留一个人值班，等客人一回来，她马上让厨房的人将热好的饭菜给客人端了上来。

她做的这一切，让那位客人非常感动，而这些，也被酒店总经理看在了眼里。

第九章

感恩责任，责任心有多大，成功的舞台就有多大

几年时间，小苏就当上了酒店的副总。

尽职尽责是一个优秀职员在这个竞争激烈的社会中立足的基本条件。正是凭借自己认真、扎实的工作作风，在几年的时间里，小苏从实习生当上了副总，获得了人人羡慕的"金饭碗"。

一个有责任感的员工只有在工作中做到尽职尽责时，才能够把工作做得更好，才能更好地体现自己在工作和生命中的价值，才能称得上是合格的员工。

（1）我们要端正态度，转变思想

从小处着手。这不仅仅是做好自己分内的事那么简单，就如文中的小苏，其实小陈的疏忽并不在小苏的职责范围内，但是她还是站出来，解决了问题，这种对工作认真负责，脚踏实地的精神就很值得我们学习。

（2）不断提升自己

要想做好本职工作，光表态度，下决心那是不够的。一个成功的公司不会去用奴才，而是去用人才。这就要求我们员工在工作的同时，要不断加强自身的学习。

（3）没有规矩，不成方圆，凡事要讲规矩

要想做好本职工作还必须有严格的纪律观念做保证，就如案例中的小陈，由于自己的疏忽，他没有按照酒店规定让顾客先付钱再离开，假如事后出现意外，小陈是不是就要为自己的疏忽买单呢？因此，只要是在岗位上，凡事都要按照岗位流程来。

无论你身居何种岗位，如果能尽职尽责，就会得到更多成功的可能。大凡那些有所作为的人，都是那些在工作中尽职尽责，力求把工作做好做到位的人。

6.

领导更放心授权给负责任的人

我们必须深刻地认识到,责任并非许多人认为的麻烦事,更不是强加在我们身上的报复,而是通向成功的阶梯。逃避责任的人,看似省一时之事,却拒绝了发展,更远离了成功。

成功的"机会"总是藏在"责任"的深处,拥抱责任的人,实际是抓住机会的人;逃避责任的人,看似世事通达,实际是放弃机会。只有有责任心的人,才能够看到机会究竟藏在哪里。

作为员工,应该记住:责任和机会是成正比的。没有责任就没有机会,责任越大机会越多,责任越小机会越少。所以,拥抱责任就是拥抱成功的机会,要善于挖掘隐藏在责任之中的机会。

当你觉得自己缺少机会或职业道路不顺畅时,不要抱怨他人,而应该问问自己是否承担了责任。

刘勇在一次与朋友的聚会中神情激愤地对朋友抱怨老板长期以来不肯给自己机会。他说:"我已经在公司底层挣扎了15年了,仍时刻面临着失业的危险。15年,我从一个朝气蓬勃的青年人熬成了中年人,难道我对公司还不够忠诚吗?为什么他就是不肯给我机会呢?"

"那你为什么不自己去争取呢?"朋友疑惑不解地问。

"我当然争取过,但是争取来的不是我想要的机会,那只会使我的生活和工作变得更加糟糕。"他依旧愤愤不平。

第九章
感恩责任，责任心有多大，成功的舞台就有多大

"能跟我说说到底是怎么回事吗？"

"当然可以了，前些日子，公司派我去海外营业部，但是像我这样的年纪、这种体质，怎能经受如此的折腾呢？"

"这难道不就是你梦寐以求的机会吗？怎么你会认为这是一种折腾呢？"

"难道你没看出来？"刘勇大叫起来，"公司本部有那么多的职位，为什么要派我去那么遥远的地方？远离故乡、亲人、朋友？这可是我生活的重心啊！再说我的身体也不允许啊！我有心脏病，这一点公司所有人都知道。怎么可以派一个有心脏病的人去做那种'开荒牛'的工作呢？又脏又累，任务繁重而没有前途……"他仍旧絮絮叨叨地罗列着他根本不能去海外营业部的种种理由！

他的朋友沉默了，他终于明白为什么15年来刘勇仍旧没有获得他想要的机会，也许终其一生，他也只能等待和抱怨，机会来了，刘勇根本不愿意承担责任，领导怎么可能会重用他呢？

成功者不善于也不需要编织任何借口，因为他能为自己的行为和目标负责，也能享受自己努力的成果。缺少机会，则往往是不愿意付出努力的人用来原谅自己的借口。

在极其平凡的职业中，在极其低微的岗位上，蕴藏着巨大的机会。只要调动自己全部的智力，全力以赴，只要把自己的工作做得比别人更完美，就能发现机遇，推开通往成功的大门。

进入21世纪，主动承担更多责任，已经成为职场人必备的品质。只有勇于承担责任的人，才能得到领导的器重并委以重任，才能让自己有机会迎接更多的挑战。

"机会在哪里？"这是很多员工经常挂在嘴边的一句话。他们不知道，承担责任，机会就在身边，很多时候"责任就是机会"，或者说"责任等

于机会"。

承担责任要有宽阔的胸怀,因为很多时候,承担责任无异于承担风险。承担责任要有顾全大局的"弃我"精神做支撑,只有为了整个团队的利益,勇敢地承担责任,解决难题,化解危机,才能为自己创造晋升的机会。

一家生物制药公司的总经理曾经抱怨说:"我们公司有些员工在工作时只想着如何做才不会让自己吃亏,凡事对自己有利就去做,稍微有些风险就害怕承担责任。"

这个总经理为什么会这么说呢?原来他确实是有感而发。不久前,公司研发部根据计划准备开发一种新药,科室后来做了几次初步试验后发现存在一定风险。眼看年底快到了,为了避免研发失败而影响年终绩效考核和奖金,研发部就写了份报告,说了一大堆理由硬是取消了这个很值得做下去的计划。

一个人承担的责任越多、越大,证明他的价值就越大。任何一个老板都清楚,能够勇于承担责任、能够真正负责任的员工对企业的意义有多大。

> 一家公司有三个大分厂,一分厂管理基础较好,但规模也较其他两个分厂小一些。一分厂的厂长姓石,正是在他的一手经营下,一分厂才有了良好的管理现状。
>
> 后来,董事长决定调石厂长到三分厂担任厂长。
>
> 三分厂是公司规模最大,设备最先进,管理却最混乱的一个厂。之前已经有好几个厂长去了那里,然而都无功而返。因此,得知调动消息时,石厂长很矛盾,不去吧,董事长可能不高兴;去吧,一旦搞砸了,再想回一分厂都不行了。由于多年管理一分厂,一切工作运作程序早就规范了,管理起来早已得心应手。
>
> 思量再三,石厂长还是答应调往三分厂,因为他意识到搞好三分厂这一重要责任的后面,隐藏着巨大的机会:如果搞好了,就可以进一步证明自己的能力,就可以从所有分厂厂长中脱颖

而出!

半年多时间过去，原来最混乱、生产能力最低的三分厂，一跃成为整个公司的生产管理标杆，各项指标均占据首位。

责任就是机会，承担起责任的人，不一定马上得到回报，但总会得到应有的回报。此后，董事长决定把三分厂的经营管理权下放给石厂长，并给他年薪40万元。

而石厂长原来的工资，每月只有5000元!

石厂长不惧怕担当责任，为自己赢得了成功的机会。

在需要你承担责任的时候，勇敢地去承担，你才有望抓住机会。因为只有那些勇于承担责任的人，才能出色地完成工作，才能受到领导的赏识和重用。作为一名普通员工，只要具备了勇于担当责任的精神，他的能力就能够得到充分的发挥，他的潜力便能够不断地得到挖掘，同时他的前程也会一片光明。

那么我们应该如何做一个负责的员工，让老板信任我们，提拔我们呢？

（1）工作保持高度热情

或许每天重复着单调的动作，处理着枯燥的事务，使你厌倦了这样的工作。每天想的不是怎样提高工作效率，而是盼望着能早点下班，期望着领导不要把困难的工作分配给自己。这样一直下去，只会使你不断地抱怨工作、抱怨环境。如果在工作中不思进取，在生活中不求上进，你就会不由得陷入一个困境中。要想摆脱这种困境，唯一的办法就是保持工作热情。带着热情去工作，全力以赴，不找任何借口。

（2）自愿做不属于自己职责范围内的事情

一个有着强烈责任心的人，首先会认真并且百分之百地投入到自己的工作中，然后在剩余的时间里做一些职责范围之外的事情。这样不仅仅帮助了他人，提高了团队的工作效率，还间接地提升了自己，使得自己变得

我的岗位 我负责 我的工作 请放心

更加全面。

（3）勇于承担责任

当我们遇到问题时，千万不要利用各种借口来推卸自己的过错，从而忘记自己应该承担的责任。正确的做法应该是：承认它们并分析它们，要首先从自身寻找问题。这样才能及时改正错误，完善自己工作中的不足，用最短的时间解决更多的问题，将损失最小化。

（4）把公司的利益视为自身的利益

有责任心的员工会热爱公司，为做大做强公司而努力。只有公司强大了、红火了，自身的利益才会得到提高。

7.

扩大"责任圈"，就是扩大"成功圈"

法国作家维克多·雨果曾经说过："我们的地位向上升，我们的责任心就逐步加重。升得越高，责任越重。权力的扩大使责任加重。"

无论在哪个位置上，都不要轻视自己的工作，都要担负起工作的责任来，而且尽可能多地承担责任。责任和发展空间成正比，责任有多大，舞台就有多大。换句话说就是，承担多大的责任，就会有多大的成功。

周健是一家IT公司的销售部经理。一天，他到一家销售公

第九章
感恩责任，责任心有多大，成功的舞台就有多大

司联系一款最新的打印设备的销售事宜。因为是一款定位为大众化的新品，为了争取更大的市场份额，所以对经销商的让利幅度也非常大。周健决定在媒体大量宣传报道之前同一些信誉与关系比较好的经销商敲定首批的定量。

不巧的是，同他一直保持密切业务关系的那家公司的老板不在。当他提起即将推出的新品时，负责接待他的员工冷冷地说："等老板回来再说吧！"

周健试图得到对方的理解和回应。但是，令他失望的是，那个销售人员根本不听他的话，只用一句话就搪塞了："这不关我的事，和我说没用！"

周健来到有业务联系的第二家公司。这家公司的老板也不在。虽然很失望，但他还是想试一试，看能否说服接待他的人。

接待他的是一位新来不久的年轻小姐，人特别热情。当得知周健的身份时，她立即表现出了一名优秀员工应有的极大的热情。

在弄清周健的来意后，她敏锐地感觉到这是一个不错的商机，无论如何不能因为老板不在就让它白白溜走。她主动要求第二天给他们公司送样货，其他具体事宜等老板回来再做定夺。

结果很清楚，第二家公司在老板不在的时候，由于那位女员工的热情接待，为公司促成了一桩生意。这款产品在整个市场上只有该公司一家经营，不到一个月就销售了近3000台。因为为老板净赚了6万多元，那位女员工也得到了丰厚的回报和老板的赏识。

有人认为，尽职尽责完成自己的工作就行了，但事实上却证明这还远远不够，还需要多做一些事情，多承担一些责任，你才能鹤立鸡群般脱颖而出。也许你的投入无法立刻得到相应的回报，但不要气馁，回报可能会在不经意间，以出人意料的方式出现。

我的岗位 我负责 我的工作 请放心

在很多人眼里，娜娜的运气特别好。

她的学历在这个行业里并不占什么优势，长相一般，个性也不张扬，但她进入公司两年时间内，在每一个部门都做得有声有色，并得到了稳步升迁。关于她的崛起，有各种各样的说法，不过大家有这么一点共识，就是运气眷顾了她，给了她得天独厚的机会，否则她怎么可能从人事部文员到营销经理，一路绿灯呢？

只有娜娜自己清楚，成功来得多么不易。

进入这家大公司的时候，她先被分到人事部，做一个不起眼的文员。在那个部门有的是能言善道的女孩子和深谙权术的男人，但娜娜从不惹是非，只是恪尽职守。有时候，发现别人输错了数据，她就悄悄地改过来，从不大肆渲染。领导让她做什么，她就竭尽所能，做到让人无可挑剔。别人扎堆抱怨工作百无聊赖，她却在悄悄熟悉公司的部门、产品以及主要客户的情况。在娜娜看来，只要人在单位，没有比做好分内工作、承担自身责任更重要的事了。

有一次，营销部经理路过娜娜的办公室看见她在处理一件小事，很欣赏她表现出的责任感和分寸感，就打报告调她去顶他们部门的一个空缺。

营销部令娜娜的世界骤然广阔起来。同原来一样，她的方法就是主动担责，默默地努力。每当累到要偷懒的时候，她总会想起父亲的教导：天下没有免费的午餐，一个人要想有多大的事业，就得看他能够承担多大的责任！

由于娜娜是部门里最吃苦耐劳、最能承担责任的人，所以她赢得了不少机会，进步也很快。半年后，她凭借几份扎实的调查分析报告为自己赢得了一片喝彩。一年后，她便成了营销部举足轻重的人物。看到她在会议上气定神闲、无懈可击的发言，原来

第九章
感恩责任，责任心有多大，成功的舞台就有多大

人事部的同事都无比惊讶。

有了责任，才能成功。一个人能有多大的事业，往往取决于他有多大的责任心。如果事业舞台是一个圆的话，那么责任心便是这个圆的半径。每名员工只有从心底里真正地对工作负起责任，才有可能得到更多的机会和平台，进而走向成功。

附录

测测你有多少责任心?

我的岗位 我负责 我的工作 请放心

测试一：你是尽职尽责的人吗？

敢于负责的员工是企业十分需要的优秀人才。你想给老板留下尽职尽责的好印象吗？你有务实尽职的优良习惯吗？通过下面的测试，你就能够认识到自己是否是踏实尽职的人。

1. 工作不如意的时候，你通常的选择是跳槽吗？

    A. 不，跳槽不是解决问题的办法

    B. 不确定

    C. 是，跳槽也许有发展机会

2. 你觉得做小事能实现自己的价值吗？

    A. 小事也需要认真对待

    B. 小事也是工作，但是当然做大事更好

    C. 不能，我可不是来这里做小事的

3. 你是否经常认为工作并不是自己的责任？

    A. 不，我会对自己的工作负责

    B. 有时候这样认为

    C. 是的，做决定时他们没听我的意见

4. 你在工作遇到困难时会怎样做？

    A. 努力想办法去解决

    B. 寻求帮助

    C. 放弃

5. 你通常会在一个职位上工作多久？

    A. 至少三五年时间

    B. 两年内还不能升职我就考虑跳槽

C. 半年左右

6. 你是否把"不是我的错"当做口头禅？

   A. 从来没有

   B. 有时会

   C. 是的，我会把责任推到别人身上

7. 你是否清楚自己的工作有哪些要求？

   A. 是的

   B. 大致清楚

   C. 不是，有些问题我也搞不清

8. 你是否经常得到同事和上司的称赞？

   A. 是的，我是优秀员工

   B. 有时候会

   C. 从来没有

9. 你认为下一份工作会更好吗？

   A. 不，现在的工作就很好

   B. 有机会是想尝试别的工作

   C. 是的，下份工作一定有更多机会

10. 你经常反思自己的工作做得怎么样吗？

    A. 是的，我希望把工作做得更好

    B. 我不考虑，老板会给评价的

    C. 不，都完成了还想它干什么

11. 你认为自己是个敬业的人吗？

    A. 是的

    B. 大多数时候是

    C. 我只认真对待那些真正适合我的工作

12. 你是否会因为自己的情绪波动而影响工作？

    A. 不会，我会保持平常心

    B. 有时会

    C. 经常会，情绪不好时就无法做好工作

结果分析：

75% 以上选 A——你是一名称职的员工，尽职务实。你能够正确地认识自己，找准自己的定位。即使是在一个平凡的岗位上，你也能够尽职尽责，从而得到重视。

75% 以上选 B——你还有待提高。你和优秀员工之间还有一定的差距，认真做好手边的工作，不要给自己设立不切实际的目标，踏踏实实从小事做起，并且强化自己的责任感。这样，你就会发现更多的成功机会。

75% 以上选 C——你是一个浮躁的人，你不但不能恪尽职责，做好手边的事，反而这山望着那山高，总想着一步登天。要想改善这种情况，你就要从最基础的工作做起，培养自己的责任感，认真完成工作，任劳任怨，遇到困难时也要坚持完成工作，克服浮躁心态，让自己变得脚踏实地。

测试二：你的责任引爆成功指数有多高？

做这些题时不能过多地思考，要根据第一感觉在最符合自己特征的描述前画"√"。

1. 我计划在两年内做到部门经理，如果实现不了，我会：

    A. 像以前一样努力工作，不会放弃这个目标

    B. 有些失望，不知道该怎么办，工作再也提不起劲来

    C. 对公司失望，能少干就少干，哪天烦了就辞职不干了

2. 我比较同意这种职业观：

    A. 薪水只是短期目标，不应因为薪水多少而改变工作态度

    B. 工作上不应该讨价还价，但多干的人应该得到更多的报酬

    C. 即使做得再好，老板也未必给你涨工资

3. 你做过个人工作总结吗？

    A. 经常做

    B. 偶尔做

    C. 没做过

4. 关于公司的年度目标，我个人认为：

    A. 制订得适当，如果努力完全可以实现

    B. 不知道是否合适，也不知道能否实现

    C. 制订得太高了，根本就不可能实现

5. 我对个人的工作任务：

    A. 非常清楚，并有详细的计划

    B. 清楚，但没有什么计划

    C. 不太清楚，过一天算一天

6. 我对公司各级目标的关心程度：

　　A. 时常挂在心上，总担心实现不了

　　B. 我只关心我个人的任务能否完成，很少考虑公司目标

　　C. 漠不关心，很少想到它

7. 我没有完成上司分派的任务，事后我分析：

　　A. 非常想完成，已经尽了最大的努力

　　B. 很想完成，但没有付出最大努力

　　C. 有能力完成，但不情愿去做

8. 有自己的短期目标（1～2年内）吗？

　　A. 有，计划在一两年内（达成某项目标）

　　B. 思考过，还没有制订出来

　　C. 没有，还没有想过

评分标准：

上面各道题中，选A得2分，选B得1分，选C得0分。

结果分析：

13～16分：你的责任心很强，对目标很敏感，很清楚，做事有计划，工作很努力，进取心很强，是个优秀的员工，要再接再厉，在今后的工作中取得更大的成绩，获得更大的成功。

8～12分：你的责任心和对目标的敏感度属于中等，进取心不是很强，能把工作做好，但不是做得最好，是一个合格的员工，离成功还有一些距离。

8分以下：你责任心不强，对目标的敏感度相对较弱，不太关心组织目标和个人发展目标，工作没有计划，绩效低下。你应该培养责任心和工作热情，使自己工作有目标，做事有计划。